SYSTEMISCHE FRAGETECHNIKEN

WIE SIE DURCH GEZIELTES TRAINING ZUM PROBLEMLÖSERWERDEN, ALLE MÖGLICHEN ZIELE ERREICHEN UND IHRE KOMMUNIKATION VERBESSERN

FÜR FÜHRUNGSKRÄFTE, COACHES UND BERATER

ALBERT BLITZ

Inhalt

1 - GESCHICHTE DER SYSTEMISCHEN FRAGEN

2. DIE GEBURT SYSTEMISCHER FRAGEN

3 - IHRE ROLLE IN DER FÜHRUNG

4. ARTEN VON SYSTEMFRAGEN

5- GRENZEN SYSTEMISCHER FRAGEN

Bonus Kapitel

1
GESCHICHTE DER SYSTEMISCHEN FRAGEN

"Die systemische Therapie, aus der sich systemische Fragen ergeben, nahm in den 1960er und 1970er Jahren unter dem Einfluss von Systemtheorie und Kybernetik Gestalt an."

Einführung

Bevor wir uns mit den spezifischen Arten systemischer Fragen befassen, die auf unterschiedliche Kontexte, beispielsweise auf Unternehmenskontexte, angewendetwerden, ist es notwendig, eine kurze Einführung in ihre Geschichte zu geben, um ihre Ursprünge vollständig zu verstehen und dann die folgenden Kapitel optimal nuden zu können. Reich an theoretischen Erkenntnissen, vor allem aber an praktischen Beispielen sein, die direkt aus dem wirklichen Leben stammen.

Der Aubau dieses Buches ist so gestaltet, dass das in den Absäden vor den Praxisbeispielen theoretisch erlernte, unmittelbar vertieft und in die Praxis umgesedt werden kann. Auf diese Weise haben Sie die Möglichkeit, jede Art systemischer Frage in einer tatsächlichen Situation zu kontextualisieren, um sie in verschiedenen Bereichen zu reproduzieren.

Ursprünge der systemischen Therapie

Die systemische Therapie, aus der sich systemische Fragen ergeben, nahm in den 1960er und 1970er Jahren unter dem Einfluss von Systemtheorie und Kybernetik Gestalt an.

Diese wissenschaftlichen Disziplinen untersuchen die Interaktion der Teile innerhalb eines Systems, aber auch die Interaktion des Systems selbst mit der Umgebung. Obwohl sie ihren Ursprung in der Biologie, Physik und Technik hatten, fanden sie bald Anwendung in der Psychologie und Therapie.

Die ersten Therapeuten, die diese Methode anwendeten, begannen sofort, die Familie nicht als eine Ansammlung isolierter Individuen zu betrachten, sondern als ein System, in dem jedes Mitglied das andere beeinflusst. Die systemische Therapie hat ihre Wurzeln in der Familientherapie, genauer gesagt in der Familiensystemtheorie. Sein Ursprung geht auf die Mailänder Schule von Mara Selvini Palazzoli zurück, geht aber auch auf die Arbeit von Salvador Minuchin, Murray Bowen, Ivan Boszormenyi-Nagy sowie Virginia Satir und Jay Haley vom MRI in Palo Alto zurück.

Allerdings war die Mailänder Schule die erste, die glaubte, dass Familiendynamiken durch gezielte oder „systemische Fragen" verstanden und verändert werden könnten.

Die von der Mailänder Schule entwickelten Methoden waren oft provokativ und dazu gedacht, System Mitglieder auf die Probe zu stellen.

Beispielsweise wurde ein Familienmitglied gebeten, eine Situation aus der Sicht eines anderen Familienmitglieds zu beschreiben oder sich vorzustellen, was passieren würde, wenn ein bestimmtes Problem plödlich verschwinden würde.

Was ist systemische Therapie?

Systemische Therapie ist ein therapeutischer Ansad, der das Individuum nicht als isolierte Einheit, sondern als Teil eines umfassenderen Systems, wie einer Familie oder einer sozialen Gruppe, betrachtet. Dieser Ansad erkennt an, dass Menschen durch ihre Beziehungen beeinflusst werden und dass die Dynamik innerhalb dieser Systeme das Wohlbefinden und Verhalten des Einzelnen beeinflussen kann.

Die systemische Therapie betrachtet daher nicht nur das Individuum als Selbsdweck, sondern betrachtet allgemeiner das gesamte Beziehungssystem, in das das Individuum eingebunden ist. Beispielsweise beeinflusst in einer Familie jedes Mitglied die anderen Mitglieder und wird von ihnen beeinflusst. Wenn ein Familienmitglied ein Problem hat, kann es alle anderen betreffen. Jede Gruppe oder jedes System hat seine besonderen Dynamiken und Interaktionsmuster.

Diese Modelle können gut funktionieren und daher fehlerfrei sein oder Probleme aufweisen, die die Funktion des gesamten Systems beeinträchtigen. Beispielsweise kann es in einer Familiemit schlechter Kommunikation zu Problemen wie Missverständnissen oder Konflikten kommen.

Die Systemtherapie basiert daher auf einem interdisziplinären Ansad, der Systeme in ihrer Gesamtheit untersucht und wie die einzelnen Teile, aus denen sie bestehen, miteinander interagieren. Eine weitere wichtige Theorie, die es zu kennen gilt, ist die Kybernetik, die sich im Gegensad zur vorherigen Therapie auf Systeme konzentriert, die durch Feedback reguliert werden, d. h. wie Informationen von einem System empfangen, verarbeitet und genudt werden, um sich an seine Umgebung anzupassen und darauf zu reagieren. Beide Theorien haben die systemische Therapie beeinflusst und einen Rahmen für das Verständnis der komplexen Interaktionen innerhalb v o n Menschengruppengeschaffen.

Eines der Haupdiele der systemischen Therapie ist die Identifizierung und Änderung „problematischer" Verhaltensmuster innerhalb eines einfachen oder komplexen Systems, die häufig zu Missverständnissen oder Konflikten führen. In der systemischen Therapie sind Fachärzte häufig mit Familien konfrontiert, die durch innere Spannungen und Ungleichgewichte gekennzeichnet sind, die durch Probleme mit einer oder mehreren Komponenten des Systems verursacht werden.

Ledtere schlagen sich dann auf die anderen Mitglieder nieder, was zu anhaltenden Spannungen und einem angespannten Klima führt. Im Gegensad zu anderen therapeutischen Ansäden, die versuchen, die Grundursachen von Problemen (z. B. Kindheit oder Traumata in der Vergangenheit) zu erforschen, konzentriert sich die systemische Therapie mehr auf das "Hier und jedt".

Anstatt zu fragen: "Warum verhält sich diese Prson so?" Eine systemische Therapie könnte fragen: "Wie können sich die Interaktionen innerhalb dieses Systems ändern, um die Situation zu verbessern?"

Zusammenfassend bietet die systemische Therapie eine einzigartige und ganzheitliche Perspektive auf die Psychotherapie, die sich auf die Interaktionen und Dynamiken innerhalb von Gruppen und nicht nur auf den Einzelnen konzentriert. Dieser Ansad basiert auf dem Bewusstsein, dass

Menschen tiefgreifend von ihren Beziehungen beeinflusst werden und dass es, um einen Menschen in Schwierigkeiten wirklich zu verstehen und ihm zu helfen, auch notwendig ist, das System, in dem er lebt oder arbeitet, zu verstehen und in dieses einzugreifen.

Merkmale der systemischen Therapie

Die systemische Therapie analysiert Probleme praktisch und nicht analytisch. Ziel ist es, problematische Verhaltensmuster innerhalb eines Systems, beispielsweise einer Gruppe von Menschen oder einer Familie, zu identifizieren und diese Muster dann direkt zu untersuchen. Im Gegensad zu anderen psychoanalytischen und psychodynamischen Formen der Familientherapie zielt die systemische Therapie nicht nur darauf ab, die Ursache des Problems zu ermitteln. Stattdessen wirkt es auf die mögliche Veränderung des Gesamtsystems ein, um positive Auswirkungen auf die einzelnen Mitglieder zu haben.

Es wird daher nicht versucht, vergangene Ursachen wie unbewusste Impulse oder Kindheitstraumata zu ermitteln. Die systemische Therapie mit ihren Wurzeln in der Systemtheorie und Kybernetik hat die Art und Weise revolutioniert, wie Therapeuten die Familiendynamik verstehen und in sie eingreifen.

Dieser Ansad erkennt die Familie als vernedtes System an und bietet Werkzeuge und Strategien, um dauerhafte und sinnvolle Veränderungen herbeizuführen und die Gesundheit und das Wohlbefinden der gesamten Familie zu fördern.

Systemische Fragen mit ihrer Fähigkeit, tief in familiäre Interaktionen und Muster einzudringen, sind zu einem der wirksamsten Werkzeuge geworden, die Therapeuten zur Verfügung stehen.

2

DIE GEBURT SYSTEMISCHER FRAGEN

"Systemische Fragen haben das Ziel, zum Nachdenken anzuregen und den Gesprächspartner dazu zu bringen, sich für eine offene Diskussion voller Ideen zu öffnen."

Definition

Wir alle stellen jeden Tag Fragen, häufig zielen diese "traditionellen" Fragen darauf ab, eine direkte Antwort (Ja/Nein) oder eine detaillierte Antwort zu einem bestimmten Thema zu erhalten.

Im Gegenteil, systemische Fragen haben das Ziel, zum Nachdenken anzuregen und den Gesprächspartner dazu zu bringen, sich für eine offene Diskus- sion voller Ideen zu öffnen.

Die Besonderheit systemischer Fragen liegt daher in ihrer Formulierung; tatsächlich werden sie so konzipiert und gefragt, dass sie die Beziehungen, Muster und Dynamiken innerhalb eines Systems erforschen und verstehen. Nun fragen Sie sich vielleicht: "Was ist ein System?"

Das System

Bei systemischen Fragen stellt ein System eine Reihe miteinander verbundener und voneinander abhängiger Elemente dar, die zusammenarbeiten, um eine Gruppe zu bilden. Diese Elemente können Personen, Prozesse, Komponenten oder alles andere sein, das in einem definierten Kontext interagiert.

Das Verhalten eines Systems wird nicht nur durch die Eigenschaften der einzelnen Elemente bestimmt, sondern auch durch die Beziehungen zwischen ihnen.

Hier einige praktische Beispiele für Systeme:

1. **Familie:** Eine Familie kann als ein System betrachtet werden, in dem jedes Mitglied eine Rolle spielt und mit anderen interagiert. Familiendynamik, Beziehungen und Interaktionen zwischen Mitgliedern beeinflussen das allgemeine Funktionieren der Familie.

2. **Firma:** Ein Unternehmen ist ein komplexes System aus verschiedenen Abteilungen, Rollen und Prozessen. Fertigung, Marketing, Vertrieb und Personal sind allesamt miteinander verbundene Elemente, die den Gesamterfolg des Unternehmens beeinflussen.

In jedem dieser Beispiele ist das Verständnis der Beziehungen und Dynamiken innerhalb des Systems von entscheidender Bedeutung für die Vorhersage von Verhalten, die Lösung von Problemen oder die Verbesserung der Leistung. Aus diesem Grund sind systemische Fragen so wirkungsvoll und müssen sorgfältig untersucht werden.

Haupteigenschaften

Wie Sie vielleicht aus den vorherigen Absäden verstanden haben, sind systemische Fragetechniken ein unverzichtbares Werkzeug für jeden, der jede Situation stressfrei meistern möchte. Die Haupdiele dieser Fragen sind im Wesentlichen vier:

1. **Beziehungsorientierung:** Der Fokus dieser Fragen liegt auf dem System als Ganzes und nicht auf dem Einzelnen, der Teil davon ist.
2. **Mustererkennung:** Diese Fragen zielen darauf ab, wiederkehrende Muster oder Trends innerhalb eines Systems zu identifizieren, um es Führungskräften zu ermöglichen, die Geschäfts Dynamik besser vorherzusagen und zu verstehen.
3. **Offenheit und Neugier:** Systemische Fragen werden offen formuliert und fördern eher eine nachdenkliche als eine einfache und unmittelbare Antwort. Dies fördert deutlich mehr Neugier und Aufgeschlossenheit.
4. **Lösungsfokus:** Obwohl sie Probleme und Herausforderungen analysieren, sind systemische Fragestellungen oft lösungsorientiert.

Im geschäftlichen Kontext helfen sie Führungskräften dabei, Chancen zu erkennen und zu nuden, anstatt sich auf Probleme einzulassen.

Die Revolution systemischer Fragen

Das Aufkommen systemischer Fragen im therapeutischen Bereich führte zu einer echten Revolution in diesem Sektor; sie wurden erstmals mit großem Erfolg in der Familientherapie eingesedt. Fachleute erkannten schnell, dass es nicht richtig war, sich auf die Probleme oder Symptome einer einzelnen Person zu konzentrieren. Dennoch war es notwendig, die

Dynamik und Interaktionen innerhalb des Familiensystems zu untersuchen. Anstatt beispielsweise zu fragen: „Warum bist du traurig?" Eine systemische Frage könnte lauten: „Wie reagiert Ihre Familie, wenn Sie traurig sind?".

Es war ein grundlegender Perspektivwechsel, der einen epochalen Wandel im Bereich der Therapie herbeiführte; tatsächlich wurden Verhaltens- und Interaktionsmodelle identifiziert, die die Probleme des Einzelnen verursachten. Vor dem Aufkommen systemischer Fragestellungen konzentrierte sich die Therapie häufig auf das einzelne Individuum.

Auch bei der Familientherapie lag der Fokus häufig auf den Problemen oder Symptomen eines einzelnen Familienmitglieds. Systemische Befragungen veränderten die gesamte Perspektive und ermöglichten es Therapeuten, verborgene Dynamiken innerhalb von Familien zu erforschen und Verhaltens- und Interaktionsmuster aufzudecken, die zuvor übersehen oder kaum verstanden wurden.

Beispielsweise könnte mit einer Frage versucht werden, herauszufinden, wie sich die Reaktion eines Elternteils auf das Verhalten eines Kindes auf das zukünftige Verhalten des Kindes auswirkt.

Diese Revolution hat zu neuen Erkenntnissen, neuen Ansäden und vor allem zu neuen Möglichkeiten für Heilung und Wachstum geführt. Das Haupdiel dieses neuen Therapie Modells bestand nicht mehr darin, nach Fehlern oder Ursachen eines bestimmten Problems zu suchen; tatsächlich verlagerte sich die Aufmerksamkeit auf die Interpretation von Dynamiken und Beziehungen.

Die Kybernetik, das Studium von Systemen, die durch Feedback reguliert werden, hat zweifellos einen tiefgreifenden

Einfluss auf die Entwicklung systemischer Fragen gehabt.

Die moderne Entwicklung systemischer Fragen

Die moderne Entwicklung systemischer Fragen spiegelt das kontinuierliche Wachstum und die Anpassung des Bereichs der Familientherapie wider. Diese Fragen haben zwar ihre Wurzeln in der Systemtheorie und Kybernetik, haben sich jedoch als Reaktion auf die sich ändernden Bedürfnisse und Verständnisse der modernen Welt angepasst und weiterentwickelt.

Heute stellen sie ein leistungsstarkes und vielseitiges Werkzeug dar, das Heilung, Verständnis und Wachstum in verschie- denen Kontexten erleichtert. Mit dem Aufkommen der Postmoderne begann man, die Familiendynamik zu verstehen und eingehender zu untersuchen, was heudutage sehr komplexist. Aus diesem Grund wurden systemische Fragetechniken immer ausgefeilter und artikulierter.

Im Laufe der Jahre haben sie auch eine bemerkenswerte Weiterentwicklung durchlaufen, indem sie sich veränderten Anforderungen angepasst und darauf reagiert haben und zu neuen Anwendungen, Ansäden und Nuancen geführt haben, was sie zu einem noch vielseitigeren und leistungsfähigeren Werkzeug gemacht hat. Wie bereits erwähnt, basieren systemische Fragen auf der Weigerung, sich strikt an das Ursache-Wirkungs-Modell zu halten.

Anstatt nach einer einzigen Ursache für ein Problem zu suchen, untersuchen systemische Fragen die komplexen Wechselwirkungen, die zur Entstehung dieses Problems beitragen. Dies ermöglichte es den Therapeuten, Probleme in einem breiteren Kontext zu sehen und Lösungen zu finden, die mit einem traditionellen Ansad nicht gefunden worden wären.

Anpassung an neue Theorien und Praktiken

Mit dem Aufkommen neuer Theorien und Praktiken in Psychologie und Therapie mussten sich systemische Fragestellungen anpassen. Mit dem Aufkommen der kognitiven Verhaltenstherapie und der positiven Psychologie wurden beispielsweise systemische Fragen moduliert, um diese neuen Ansäde zu ergänzen und sich auf Aspekte wie Überzeugungen, Gedanken und positive Kräfte innerhalb des Familiensystems zu konzentrieren.

Der Einfluss der Technologie

Die Technologie hat einen erheblichen Einfluss auf die moderne Entwicklung systemischer Fragen gehabt. Mit dem-Aufkommen von Online-Therapieplattformen und Selbsthilfe-Apps wurden systemische Fragen für den Einsad in diesen neuen Kontexten angepasst.

Dies hat zur Entstehung "digitalisierter" systemischer Fragen geführt, die in therapeutischen Chatbots oder virtuellen Therapiesidungen eingesedt werden können.

Über die Familientherapie hinausgehen

Obwohl systemische Fragen ihren Ursprung im Kontext der Familientherapie haben, hat sich ihre Anwendung weit darüber hinaus ausgeweitet. Heudutage werden sie in einer Vielzahl von Kontexten eingesedt, darunter in der Einzeltherapie, in der Paarberatung, in der Mediation und sogar im Unternehmensumfeld.

Diese Vielseitigkeit hat zu einer höheren Komplexität und

Spezifität der Fragen geführt, sodass Fachleute sie an die spezifischen Bedürfnisse jeder Situation anpassen können.

Integration mit anderen Techniken

Die moderne Entwicklung systemischer Anwendungen hat auch zu ihrer Integration mit anderen therapeutischen Techniken geführt. Sie können beispielsweise mit Visualisierungs-, Rollenspiel- oder Kunsttherapietechniken kombiniert werden, um ein reichhaltigeres, immersiver es therapeutisches Erlebnis zu schaf- fen. Diese Integration hat es Therapeuten ermöglicht, die Kraft systemischer Fragen auf neue und innovative Weise zu nuden.

Der Schwerpunkt auf Kultur und Vielfalt

In einer zunehmend globalisierten und vernedten Welt wird die Bedeutung von Kultur und Vielfalt immer deutlicher. Moderne systemische Fragen spiegeln diese Realität wider, wobei der Schwerpunkt stärker auf dem Verständnis und Respekt verschiedener kultureller und individueller Nuancen liegt. Dies hat zu umfassenderen und sensibleren Fragen geführt, die bei verschiedenen Einzelpersonen und Familien effektiv eingesedt werden können.

Überlegungen zu systemischen Fragen und ihren Auswirkungen

Systemische Fragen gelten seit vielen Jahren als echte Revolution; tatsächlich sind sie heute ein Grundpfeiler der Familientherapie und werden auch in vielen anderen Bereichen, beispielsweise in der Wirtschaft, eingesedt.

Diese Art von Fragen hat tiefe Wurzeln in der

Kybernetik und Systemtheorie und hat die Art und Weise, wie Therapeuten an das Verständnis von Familien- und Beziehungsdynamik herangehen, revolutioniert. Sie lieferten uns auch eine Reihe von Informationen über die menschliche Natur und insbesondere über die Bedeutung und Kraft des Dialogs.

Die vernedte Natur der menschlichen Existenz

Der Theorie der systemischen Fragen liegt das Bewusstsein zugrunde, dass jeder Mensch mit anderen Menschen, mit denen er in seinem täglichen Leben zusammenkommt, verbunden ist. Diese tiefgreifende Verbindung lässt uns verstehen, dass wir alle das Ergebnis unserer Beziehungen sind; wir werden von anderen Menschen und Systemen beeinflusst und beeinflusst.

Im Allgemeinen sind wir der Durchschnitt der fünf Menschen, mit denen wir am häufigsten und am häufigsten Zeit verbringen.

3

IHRE ROLLE IN DER FÜHRUNG

"Es gibt viele Fähigkeiten, die eine Führungskraft oder ein Manager besitzen muss, aber unter diesen sticht die Fähigkeit hervor, mit Menschen zu sprechen und die verschiedenen Teams und Abteilungen des Unternehmens zu leiten."

Einsad im Unternehmensumfeld.

Es gibt viele Fähigkeiten, die eine Führungskraft oder ein Manager besiden muss, aber unter diesen sticht die Fähigkeit hervor, mit Menschen zu sprechen und die verschiedenen Teams und Abteilungen des Unternehmens zu leiten. Daher ist es wichtig, die richtigen Fragen zu stellen, um das Beste aus Ihren Mitarbeitern herauszuholen. Insbesondere syste- mische Fragen bieten einen einzigartigen und innovativen Ansad zur Erforschung und zum Verständnis komplexer Geschäftsdynamiken.

Ziel dieses Kapitels ist es, die Wurzeln systemischer Fragen zu erforschen und ihre transformative Kraft im Geschäftskontext hervorzuheben.

Die neun Vorteile systemischer Fragen

Jedes Jahr nimmt der Wettbewerb zu, die Unternehmenswelt

entwickelt sich rasant weiter, es gibt viele neue Entwicklungen und sie betreffen hauptsächlich technologische Innovationen, globale Märkte und digitale Märkte. Daher ist es wichtig geworden, sich selbst die richtigen Fragen zu stellen, aber vor allem auch anderen konstruktive und praktische Fragen zu stellen, die darauf abzielen, Probleme sofort zu lösen.

Die tiefgreifende und reflektierende Natur dieser Techniken ermöglicht es jedem Manager, sein Verständnis der internen und externen Dynamik seines Unternehmens zu verbessern, indem er Klarheit und eine klare Richtung schafft, der er folgen muss.

Alle Unternehmensleiter sind ständig auf der Suche nach neuen Werkzeugen und Methoden, um die Produktivität und Rentabilität ihres Unternehmens zu verbessern.

Viele haben jedoch noch nicht verstanden, dass echte Veränderungen in erster Linie bei ihnen selbst und vor allem in der Art und Weise beginnen, wie sie mit anderen umgehen, beispielsweise mit Mitarbeitern, mit Lieferanten, mit Kunden oder mit den Stakeholdern eines Projekts.

In diesem Buch erfahren Sie konkret, wie das Wachstum Ihres Unternehmens direkt proportional zu Ihrem eigenen Wachstum und der Zeit ist, die Sie in Schulungen (Bücher, Kurse, Seminare usw.) investieren.

In diesem Buch befassen wir uns speziell mit den wissenschaftlichen Methoden, die Ihnen dabei helfen, Ihre Entscheidungsfähigkeit in Bezug auf Zeit und Qualität, Teammanagement und die Techniken systemischer Fragen in bestimmten Problemsituationen zu verbessern.

Die sogenannten „Systemischen Fragetechniken" sind ein wirkungsvolles und vielseitiges Werkzeug, das es allen

Führungskräften/Managern ermöglicht, jedes Gespräch besser zu steuern und den Gesprächspartner zu „überzeugen".

Fragen sind wirkungsvolle Werkzeuge, die die Reflexion anleiten, die Kreativität anregen und Veränderungen fördern können. Im geschäftlichen Kontext haben diese Art von Fragen mehrere wichtige Funktionen:

- **Komplexitätsverständnis:** Jeder Unternehmensleiter ist täglich gezwungen, Probleme und unerwartete Ereignisse zu bewältigen. Unternehmen sind komplexe Systeme mit mehreren miteinander verbundenen Teilen, die oft voneinander beeinflusst werden. Systemische Fragen helfen Führungskräften, diese Zusammenhänge zu verstehen und das Tagesgeschäft zu steuern.
- **Strategische Überlegungen:** Die Aufgabe eines jeden erfolgreichen Managers besteht darin, schnell und effizient die richtigen Entscheidungen zu treffen.Einige Techniken der „systemischen Befragung" zielen darauf ab, die getroffenen Entscheidungen zu kalibrieren, indem sie sich auf langfristige Auswirkungen konzentrieren. Gut formulierte Fragen können Managern dabei helfen, über Unternehmensstrategien nachzudenken und Stärken, Verbesserungsbereiche und unerforschte Chancen zu identifizieren.
- **Stimulierung von Innovationen:** Zweifellos impliziert diese Art von Frage die Schaffung neuer Zukunftsszenarien, neuer Perspektiven und neuer Ideen. Dies ist besonders nüdlich in einem Geschäftskontext, in dem Innovation für die Aufrechterhaltung eines Wettbewerbsvorteils von entscheidender Bedeutung ist.

Es sind die herausfordernden Fragen, die Teams dazu bringen, über den Tellerrand zu schauen, Innovationen zu fördern und nach neuen Lösungen zu suchen.

- **Konfliktlösung:** In jedem Team treten täglich Probleme und Missverständnisse auf. Eine der besten Methoden zur Bewältigung dieser Art von Organisationskonflikten besteht darin, die Grundursachen zu ermitteln, indem man den richtigen Personen die richtigen Fragen stellt. Diese bieten dem Manager eine Reihe praktischer und nachhaltiger Lösungen.

- **Verbesserungen in der Kommunikation:** das ist ein grundlegender Punkt; jeder erfolgreiche Mensch verfügt über ausgezeichnete Kommunikationsfähigkeiten, die es ihm ermöglichen, jedes Vorstellungsgespräch oder Gespräch bestmöglich zu meistern. Im Unternehmensumfeld spiegelt sich dies im Arbeitsteam mit einer größeren Ermutigung der Mitarbeiter und einer größeren Bereitschaft wider, ihre Perspektiven zu teilen und anderen aktiv zuzuhören.

- **Kundenorientierung:** Das Ziel jedes Unternehmens besteht darin, seine Kunden zufriedenzustellen und die Beziehungen und Loyalität im Laufe der Zeit zu verbessern.

Systemische Fragen sind ein hervorragendes Instrument, das Unternehmen dabei hilft, die Bedürfnisse und Erwartungen ihrer Kunden besser zu verstehen, indem sie Marketingsysteme erstellen und immer bessere Produkte entwickeln.

- **Förderung der persönlichen und beruflichen**

Weiterentwicklung: Ein erfolgreicher Manager nimmt sich Zeit für kontinuierliches Lernen und Training, um persönlich und beruflich zu wachsen und sich zu verbessern. Systemische Fragen regen sicherlich die Reflexion der Führungskraft an, helfen den Mitarbeitern aber auch dabei, Bereiche für Wachstum und Entwicklung zu identifizieren.

- **Förderung der Zusammenarbeit:** Ein erfolgreiches Unternehmen besteht aus verschiedenen Bereichen und Teilen (Produktion, Handel, Verwaltung usw.), die alle strategischer Natur sind und kommunizieren und zusammenarbeiten müssen. Fragen können als Kommunikationsbrücken dienen und die Zusammenarbeit zwischen Abteilungen, Teams und Einzelpersonen fördern. Sie können dabei helfen, geschäftliche Hürden und Probleme zu überwinden.

- **Gegenseitiges Vertrauen stärken:** Eine bessere und effektivere Kommunikation sorgt für mehr Vertrauen zwischen den Gesprächspartnern und schafft ein positives und sicheres Umfeld. In den folgenden Kapiteln befassen wir uns mit verschiedenen Methoden zur richtigen Herangehensweise an die Kommunikation.

Ich möchte sofort mit einigen praktischen Beispielen beginnen, um zu erahnen, wie viel Wert Sie in diesem Buch finden werden. Beginnen wir also mit einem bestätigten Fall:

Erstes Praxisbeispiel:

Stellen Sie sich nun vor, Sie wären Manager eines großen Unternehmens und müssten Probleme in einer Abteilung verwalten und lösen, die nicht produktiv sein kann. Eine Führungskraft, die mit der Kraft und Kunst systemischer Fragen nicht vertraut ist, würde die folgende Frage stellen: Warum leistet unser Team keine gute Leistung?

Diese Frage lenkt die Aufmerksamkeit des Teams auf das Problem, obwohl es sich eigentlich sofort auf die Lösung konzentrieren sollte!

Im Gegenteil, ein akademisch ausgebildeter Manager würde sofort verstehen, dass er eine systemische Frage stellen muss, um das Problem in kürzester Zeit und auf die bestmögliche Weise zu lösen; eine hervorragende Frage wäre: "In welchen Situationen hat unser Team eine effektive Zusammenarbeit gezeigt und was war in diesen Momenten anders?"

Diese ledte Frage verlagert den Fokus von Schwierigkeiten auf mögliche Lösungen, wodurch das Team über seine größten Erfolge nachdenkt und automatisch ein produktiveres und kollaboratives Klima im Raum entsteht. Im Buch werden wir sehen, dass dies erst der Anfang ist und wie wir diese positive Dynamik verstärken und das Beste aus jedem Menschen herausholen können.

Zweites Praxisbeispiel:

Stellen Sie sich in diesem zweiten Beispiel vor, Sie seien Führungskraft eines multinationalen Unternehmens, dessen strategisches Ziel darin besteht, seine Präsenz in neuen Märkten auszubauen. Was sollte der richtige Ansad für diese Art von Herausforderung sein? Jedt sehen wir es:

Eine traditionelle (falsche) Frage könnte lauten: "Wie

können wir unseren Umsad in diesem neuen Markt steigern?" Diese Frage ist zu allgemein und nicht sehr spezifisch; ein Manager muss klare Ziele haben, beispielsweise in Bezug auf den Umsad.

Eine systemische Frage könnte jedoch lauten: "Welche kulturellen, wirtschaftlichen und sozialen Dynamiken dieses neuen Marktes könnten unsere Expansionsstrategie beeinflussen?"

Diese ledte Frage bietet eine ganzheitlichere Sichtweise und berücksichtigt verschiedene Faktoren, die den Erfolg des Unternehmens beeinflussen könnten, und vor allem alle Aspekte dieses Marktes.

Drifle Praxis Beispiel:

In diesem dritten Beispiel müssen Sie sich in den Manager eines Unternehmens hineinverseden, das mit einem Umsadrückgang konfrontiert ist. Stellen Sie sich nun seinen emotionalen Zustand vor; er ist frustriert und fühlt sich hoffnungslos.

Auch in diesem Fall gibt es zwei Möglichkeiten, mit der Situation umzugehen; der erste Weg wird zu nichts Konkretem führen, außer zu weiterem Stress und mangelndem Vertrauen in die Zukunft; der zweite Fall wird sich jedoch äußerst positiv auf den Manager auswirken, da er die bestehenden Probleme besser erkennen und eine Strategie für den Neustart des Unternehmens entwickeln kann.

Eine traditionelle (falsche) Frage könnte lauten: "Warum gehen unsere Umsäde zurück?" Außerdem ist dic Frage in diesem Fall, wie auch in den beiden vorherigen Beispielen, zu allgemein gehalten und hat keine eindeutige Antwort, sondern bezieht sich vielmehr auf zu viele wichtige Themen auf einmal, ohne dass die verschiedenen Probleme einzeln berücksichtigt werden.

Diese systemische Frage ist perfekt: "Welche Veränderungen im Verhalten unserer Kunden oder im Markt könnten sich auf unsere Verkäufe ausgewirkt haben, und wie können wir uns an diese Veränderungen anpassen?"

Diese ledte Frage zielt nicht nur darauf ab, die bestehenden Probleme zu identifizieren, sondern regt das gesamte Unternehmen auch dazu an, darüber nachzudenken, wie die von ihm angebotenen Produkte oder Dienstleistungen angepasst und innoviert werden können.

4
ARTEN VON SYSTEMFRAGEN

"Die Fähigkeit, die richtigen Fragen zu stellen, ist zu einer grundlegenden Fähigkeit im therapeutischen und geschäftlichen Kontext geworden."

Allgemeine Konzepte

Die Fähigkeit, die richtigen Fragen zu stellen, ist zu einer grundlegenden Fähigkeit im therapeutischen und geschäftlichen Kontext geworden. In diesem Kapitel tauchen Sie in die weite Welt der systemischen Fragen ein, untersuchen die verschiedenen Arten und verstehen, wie und wann Sie sie verwenden sollten.

Von Fragen, die Beziehungen und Dynamiken innerhalb eines Systems untersuchen, bis hin zu solchen, die die komplexen Interaktionen eines gesamten Unternehmens untersuchen, werden wir entdecken, wie diese Fragen verschiedene Herausforderungen und Probleme angehen können.

Ganz gleich, ob Sie ein Unternehmensleiter, Berater, Coach oder einfach nur jemand sind, der Ihr Verständnis für die Welt um Sie herum vertiefen möchte, mit systemischen Fragen können Sie die Welt aus einer anderen Perspektive betrachten und anders mit der Realität interagieren.

Es gibt verschiedene Arten systemischer Fragen, deren

Klassifizierung oft variieren kann. Zu den häufigsten Arten systemischer Fragen gehören jedoch:

Zirkuläre Fragen: Diese Fragen befassen sich mit den Beziehungen und der Dynamik zwischen den Mitgliedern eines Systems und versuchen zu verstehen, wie die Handlungen einer Person die Reaktionen anderer beeinflussen.

Skalierungsfragen: Bei diesen Fragen werden Menschen aufgefordert, ein bestimmtes Problem oder Ziel auf einer Skala (1 bis 10) einzuordnen, um Fortschritte oder Veränderungen im Laufe der Zeit zu erkennen.

Hypothetische Fragen: Diese Fragen laden Menschen dazu ein, sich Zukunftsszenarien oder alternative Situationen vorzustellen, und regen zum Nachdenken und zur Perspektive an.

Ausnahmefragen: Diese Fragen analysieren, wann ein bestimmtes Problem nicht aufgetreten ist oder weniger schwerwiegend war, und helfen dabei, Ressourcen und Lösungen zu identifizieren, die zur Lösung des Problems erforderlich sind.

Ressourcenfragen: Diese Fragen identifizieren die Fähigkeiten, Fertigkeiten und Ressourcen, über, die eine Person oder ein System verfügt und die zur Bewältigung von Herausforderungen oder Problemen eingesedt werden können.

Wunderfragen: Diese Fragen fordern die Menschen auf, sich eine Zukunft vorzustellen, in der das Problem auf wundersame Weise gelöst wurde, und helfen so, ihre Herangehensweise an das Problem zu ändern.

Sondierungsfragen: Diese Fragen befassen sich mit den Erfahrungen, Gefühlen und Wahrnehmungen der Menschen und helfen Ihnen, ihre Perspektiven besser zu verstehen.

Reflexionsfragen Lassen Sie den Gesprächspartner über ein bestimmtes Thema nachdenken, um es eingehend zu analysieren.

Fokussierende Fragen: Diese sind präzise und detailliert, da sie einen Aspekt oder ein Detail einer Situation betreffen.

Offenbarung Fragen: Diese Fragen konzentrieren sich auf Aspekte, die bisher nicht berücksichtigt wurden.

Dies sind nur einige der häufigsten Arten systemischer Fragen. Es ist wichtig zu beachten, dass die Wirksamkeit dieser Fragen von der Fähigkeit der Person abhängt, sie an den spezifischen Kontext und die Bedürfnisse der beteiligten Personen anzupassen.

ZIRKULÄRE FRAGEN

In diesem Abschnitt werden wir tiefer auf einen der Haupttypen systemischer Fragen eingehen, nämlich Zirkel fragen.

DEFINITION

Zirkuläre Fragen sind grundlegende Fragen, die darauf abzie- len, Beziehungen und Dynamiken sowie alle Facetten, die ein System charakterisieren, zu erforschen und tiefer in sie einzutauchen. Ledterem liegen eine Reihe von Zusammenhängen zugrunde, die nur mit dieser Art von Fragestellung interpretiert und verstanden werden können.

Im Gegensad zu linearen Fragen, die nach direkten Antworten suchen, geht es bei zirkulären Fragen darum, zu verstehen, wie Elemente innerhalb eines Systems voneinander beeinflusst werden. Sie werden daher verwendet, um die Interdependenzen und Verbindungen zu analysieren, die innerhalb eines Systems oder Nedwerks von Beziehungen bestehen.

Diese Fragen regen zum Nachdenken an und erfordern keine kurzen oder einfachen Antworten; sie sind von entscheidender Bedeutung in Kontexten, in denen Beziehungen und Interaktionen zwischen Individuen nicht richtig funktionieren.

Fachärzte für Familientherapie nuden sie, können aber auch in anderen systemisch geprägten Kontexten Anwendung finden. Durch zirkuläre Fragen ist es möglich, destruktive Verhaltensmuster zu erkennen, die zu Missverständnissen und Spannungen führen, indem neue Denk- und Interaktionsweisen gefördert werden.

HAUPTEIGENSCHAFTEN:

- Konzentrieren Sie sich auf Beziehungen
- Analyse komplexer Dynamiken
- Förderung der Reflexion

Das Haupdiel zirkulärer Fragen besteht darin, tiefer in die Beziehungen einzutauchen, die innerhalb eines Systems entstehen, und die Interaktionen zwischen den Menschen zu analysieren, aus denen es besteht.

Auf diese Weise ist es möglich, verborgene Dynamiken aufzudecken und zu entdecken, die jedoch einen starken Einfluss auf die Mitglieder des Systems haben, da sie mit anderen vernedt sind. Der Gesprächspartner muss einer kreisförmigen Frage folgen und versuchen, das Problem oder die Situation aus verschiedenen Perspektiven zu reflektieren und zu analysieren.

Verwendung im Geschäftskontext:

Jeder Manager hat die Aufgabe, alle Dynamiken innerhalb der verschiedenen Unternehmensbereiche zu verstehen und zu steuern. Der Einsad von Zirkel Fragen eignet sich besonders bei Spannungen oder Problemen zwischen Mitarbeitern. Hierbei handelt es sich um präzise und nicht generische Fragen, die darauf abzielen, Missverständnisse oder unterschiedliche Standpunkte auszuräumen.

Das Ergebnis dieser Fragen ist ein besseres Verständnis der internen Dynamik und ein Lösungsansad für Kommunikationsprobleme zwischen den Mitgliedern derselben Abteilung. Innerhalb desselben Unternehmens bestehen Teams oft aus Menschen mit unterschiedlichen Fähigkeiten, Erfahrungen und Hintergründen.

Diese Vielfalt führt zwangsläufig zu unterschiedlichen Visionen von Projekten oder Geschäftsentscheidungen. Der richtige Einsad von Zirkel Fragen durch Führungskräfte trägt dazu bei, dass alle über die unterschiedlichen Meinungen und Reaktionen anderer nachdenken.

Darüber hinaus können sie verwendet werden, um die potenziellen Auswirkungen einiger strategischer Entscheidungen des Unternehmens auf die Mitarbeiter zu analysieren, beispielsweise die Expansion in einen neuen Markt oder eine strategische Partnerschaft mit einem Wettbewerber. Schließlich stimulieren zirkuläre Fragen die Innovation und Zusammenarbeit zwischen verschiedenen Unternehmensabteilungen, indem sie die Mitarbeiter dazu bringen, breiter und visionärer zu denken.

Beispiele für zirkuläre Fragen im Geschäftskontext:

"Wie wirkt sich Ihrer Meinung nach die Entscheidung von X auf das Verhalten von Y im Team aus?"

"Wenn A seinen Ansad ändern würde, wie würde B Ihrer Meinung nach reagieren?"

"Welche Auswirkungen hat diese Strategie auf die Innen- und Außenbeziehungen des Unternehmens?"

Zweck:

Zirkuläre Fragen haben im geschäftlichen Kontext unterschiedliche Zwecke:

Analysieren Sie die zwischenmenschliche Dynamik:

Zirkuläre Fragen helfen Ihnen, Beziehungen und Interaktionen zwischen Mitgliedern eines Teams oder zwischen verschiedenen Abteilungen besser zu verstehen, und verdeutlichen, wie die Handlungen oder Entscheidungen einer Person andere beeinflussen oder von ihnen wahrgenommen werden können.

Reflexion und Selbstbewusstsein fördern:

Durch diese Fragen werden die Mitarbeiter ermutigt, über ihr Handeln, die Reaktionen anderer und die möglichen Auswirkungen ihrer Entscheidungen innerhalb des Unternehmens nachzudenken.

Konflikte verwalten und lösen:

Anstatt sich direkt auf die Ursache des Konflikts zu konzentrieren, analysieren zirkuläre Fragen die Emotionen und Reaktionen, die sich aus dem Problem ergeben, und erleichtern so eine konstruktive Lösung.

Konstruktives Denken anregen:

Diese Fragen fördern eine ganzheitliche Sichtweise und helfen den Mitarbeitern zu verstehen, wie verschiedene Teile des Unternehmens miteinander verbunden sind und wie Entscheidungen in einem Bereich andere beeinflussen können.

Fördern Sie eine offene Kommunikation:

Zirkuläre Fragen können ein Umfeld schaffen, in dem sich Mitarbeiter wohler fühlen, ihre Meinungen, Bedenken oder Ideen zu äußern, was eine offenere und ehrlichere Kommunikation fördert.

Identifizieren Sie Stärken und Schwächen:

Durch die Analyse von Dynamiken und Beziehungen können Unternehmen Stärken und potenzielle Schwächen innerhalb von Teams oder Prozessen identifizieren.

Wachstum und Entwicklung fördern:

Zirkuläre Fragen können dabei helfen, Bereiche für persönliches und berufliches Wachstum zu identifizieren und Mitarbeiter dazu zu ermutigen, über ihre Fähigkeiten und Möglichkeiten zur Verbesserung nachzudenken.

Erleichtern Sie die strategische Planung:

Bei der Planung und Strategie können diese Fragen Unternehmen dabei helfen, die potenziellen Auswirkungen ihrer Entscheidungen zu erkennen und sicherzustellen, dass die Strategien gut begründet und auf die Geschäftsziele abgestimmt sind.

PRAKTISCHES BEISPIEL – MANAGEMENT INTERNER KONFLIKTE

Konzentrieren wir uns nun auf ein praktisches Beispiel zur Bewältigung interner Konflikte durch den Einsad von Zirkel Fragen:

Die interne Dynamik eines Unternehmens ist komplex und kann zu Spannungen oder Konflikten zwischen Abteilungen, Teams oder Einzelpersonen führen. Diese Konflikte können sich bei richtiger Bewältigung positiv auf die Produktivität und den Gesamterfolg des Unternehmens auswirken. Zirkuläre Fragen können eine wirksame Lösung zur Erforschung und Lösung dieser Spannungen bieten.

Identifizierung der Hauptspannungen:

Frage: "Was sind derzeit die größten Spannungen bzw. Konflikte im Unternehmen?"

Ziel: Verschaffen Sie sich einen klaren Überblick über die aktuelle Dynamik oder Herausforderungen zwischen Teams oder Abteilungen.

Konfliktdynamik verstehen:

Frage: "Wie würden Sie die Beziehung zwischen den an diesen Konflikten beteiligten Teams oder Abteilungen beschreiben?"

Ziel: Finden Sie die Beziehungen, die zu Spannungen beitragen.

Workflow-Folgenabschädung:

Frage: "Wie wirken sich diese Spannungen auf unseren Arbeitsablauf und unsere Produktivität aus?"

Ziel: Die möglichen Auswirkungen von Konflikten auf den täglichen Betrieb des Unternehmens verstehen.

Identifizierung potenzieller Lösungen:

Frage: "Wenn wir uns ein ideales Arbeitsumfeld vorstellen könnten, wie würde es aussehen und wie könnten wir diese Spannungen überwinden?"

Ziel: Reflexion und Suche nach Lösungen für interne Konflikte anregen.

Strategische Überlegungen zur Konfliktlösung:

Frage: "Welche konkreten Schritte können wir unternehmen, um diese Spannungen anzugehen und zu lösen und die Zusammenarbeit im Unternehmen zu verbessern?"

Ziel: Formulieren Sie Pläne und Strategien zur Bewältigung und Lösung von Konflikten und fördern Sie ein harmonisches und produktives Arbeitsumfeld.

Fazit des Beispi els:

An diesem Beispiel haben Sie gesehen, wie interne Konflikte innerhalb von Unternehmen richtig angegangen und gemanagt werden sollten. Zirkuläre Fragen sind ein ganzheitlicher und durchdachter Ansad zur Bewältigung dieser Probleme, der es Unternehmen ermöglicht, die zugrunde liegenden Ursachen von Spannungen zu finden, ihre Auswirkungen zu bewerten und praktische Lösungen zu finden.

Mithilfe dieser Fragen fördern Führungskräfte eine offene Kommunikation, ein besseres Verständnis und eine effektivere Zusammenarbeit zwischen Teams und Abteilungen.

SKALIERUNGSFRAGEN

In den folgenden Abschnitten konzentriert sich die eingehende Analyse auf Skalierungsfragen. Wir werden sehen, warum und wie wir sie in jeder Situation am besten einseden können.

DEFINITION

Skalierungsfragen sind ein unglaublich effektives Instrument, da sie Menschen dazu veranlassen, ein bestimmtes Thema oder Thema auf einer Skala von 1 bis 10 zu bewerten. Sie werden häufig verwendet, um das Diskussionsthema genauer quantifizieren und zuordnen zu können; diese numerische Auswertung wird exakt und messbar sein, da sie auf einer Zahl basiert.

Diese Art von Fragen ist sehr effektiv, da sie den Gesprächspartner in die Lage versedt, eine kurze Reflexionspause einzulegen und sorgfältig über das Gesprächsthema nachzudenken; dies wird dazu führen, dass er alle Ereignisse in seinem Kopf verarbeitet und ordnet, um sie dann mit einer Zahl zu bewerten.

Dabei handelt es sich also um präzise und zielgerichtete Fragen, bei denen die Menschen aufgefordert werden, einen bestimmten Aspekt oder ein bestimmtes Gefühl auf einer Skala von 1 bis 10 einzuordnen. Dieser Zahlenwert drückt ein für jeden verständliches Urteil aus. Dies ermöglicht eine objektivere Bewertung von Gefühlen oder Meinungen, die in vagen oder mehrdeutigen Worten ausgedrückt werden.

Darüber hinaus erleichtert die Antwort die Nachvollziehbarkeit von Fortschritten und Veränderungen im Laufe der Zeit, da sie auf einer einfachen und verständlichen quantitativen Referenz basiert. Diese Art von Frage kann in verschiedenen Kontexten verwendet werden und erleichtert die Bewertung des Intensitätsgrads, der Zufriedenheit oder anderer Parameter, die der Gesprächspartner messen kann.

Quantifizierung
Sorgfältige Reflexion, einfache Vergleichbarkeit

Zirkuläre Fragen basieren auf einer numerischen Quantifizierung; der Gesprächspartner identifiziert eine Zahl von 1 bis 10 und ordnet sie einer bestimmten Situation oder einem bestimmten Ereignis zu. Es handelt sich daher um einen universellen Maßstab, der allen Systemmitgliedern bekannt ist und daher die Antwort schnell verstehen kann.

Zirkuläre Fragen erfordern eine prägnante Antwort, was sie jedoch nicht weniger kompliziert und komplex macht; tatsächlich muss der Gesprächspartner sehr sorgfältig nachdenken. Die Aufgabe, etwas auf einer Zahlenskala zu pladieren, erfordert sorgfältige und gründliche Überlegungen. Der Hauptvorteil liegt, wie bereits erwähnt, in der einfachen Vergleichbarkeit zwischen den Diskussionsteilnehmern.

Verwendung im Geschäftskontext:

Diese Art von Frage ist unglaublich effektiv und daher bei Managern sehr beliebt, da sie mit einer prägnanten Antwort (einer Zahl) eine klare Vorstellung von der Situation haben, die sie analysieren, und somit deren Priorität oder Dringlichkeit einschäden können.

Das Feedback des Gesprächspartners ist

daher quantifizierbar und ermöglicht es Ihnen, Verbesserungsmöglichkeiten zu identifizieren oder den Fortschritt einer bestimmten Aktion im Laufe der Zeit zu überwachen (Marketing, Investitionen in Maschinen usw.).

Beispielsweise könnte der Manager bei einer Überprüfung der Leistung einer Marketingkampagne darum bitten, den Erfolg dieser bestimmten Werbemaßnahme numerisch zu bewerten. Der Gesprächspartner muss daher die verfügbaren Daten analysieren und eine möglichst realistische Zahl angeben, anhand derer er Rentabilitätsbeurteilungen vornehmen kann.

Schließlich können sie als Methode zum Vergleich von Gefühlen, Wahrnehmungen und Bewertungen verschiedener Personen verwendet werden, die im selben Projekt tätig sind. Dies ermöglicht es dem Manager, interne Dynamiken besser zu verstehen und Entscheidungen auf der Grundlage von Daten zu treffen.

Beispiele für Skalierungsfragen im Geschäftskontext:

"Wie zufrieden sind Sie auf einer Skala von 1 bis 10 mit Ihrer aktuellen Rolle im Unternehmen?"

"Wie effektiv war Ihrer Meinung nach unsere ledte Marketingkampagne auf einer Skala von 1 bis 10?"

"Auf einer Skala von 1 bis 10, wie effektiv ist Ihrer Meinung nach die Kommunikation im Team?"

Zweck:

Skalierungsfragen im Geschäftskontext werden für verschiedene Zwecke verwendet, darunter:

Bewertung der Mitarbeiterzufriedenheit: Messen Sie,

wiezufrieden Mitarbeiter mit verschiedenen Aspekten ihrer Arbeit sind, wie z. B. dem Arbeitsumfeld, der Führung, Wachstums- chancen und mehr.

Produkt- oder Service-Feedback: Sammeln Sie quantitatives Feedback von Kunden zu bestimmten Produkten oder Dienstleistungen, damit das Unternehmen Stärken und Verbesserungsmöglichkeiten identifizieren kann.

Messung der Prozesseffizienz: Bewerten Sie die Effizienz bestimmter Geschäftsprozesse, beispielsweise die Reaktionsgeschwindigkeit des Kundendienstes oder die Wirksamkeit einer Marketingkampagne.

Leistungsbewertung: Stellen Sie eine quantitative Kennzahl für die Mitarbeiterleistung bereit, die bei der Zielsedung und Leistungsüberprüfung hilft.

Kundenbindungsanalyse: Messen Sie den Grad der Kundentreue gegenüber einer Marke oder einem Produkt und liefern Sie wertvolle Informationen für Treuestrategien.

Klimabewertung: Verstehen Sie das Klima im Unternehmen und identifizieren Sie potenzielle Probleme oder Konfliktbereiche.

Trainingsbewertung: Bewerten Sie die Wirksamkeit von Schulungs- oder Entwicklungsprogrammen und sammeln Sie Feedback der Teilnehmer zu Inhalten, Methoden und Ergebnissen.

Risikomessung: Bewerten Sie die Risikowahrnehmung bei bestimmten Projekten oder Entscheidungen und helfen Sie so bei der Planung und dem Risikomanagement.

Analyse der Markterwartungen: Sammeln Sie Informationen über die Erwartungen von Kunden oder Partnern an neue Produkte, Dienstleistungen oder Initiativen.

Bewerten Sie die Auswirkungen der Entscheidung: Messen Sie nach der Umsedung einer neuen Strategie oder Entscheidung die von Mitarbeitern oder Kunden wahrgenommenen Auswirkungen und geben Sie so wertvolles Feedback für zukünftige Anpassungen.

PRAKTISCHES BEISPIEL – BEWERTUNG DER MITARBEITERZUFRIEDENHEIT

Der Erfolg und die Rentabilität eines Unternehmens hängen maßgeblich von der Motivation der Mitarbeiter ab; tatsächlich ist es wichtig, die Motivation und Zufriedenheit der Unternehmens- mitglieder aufrechduerhalten, um ein positives Klima zu gewährleisten und die Fluktuation zu senken.

Verschiedene Faktoren wie Unternehmenskultur, Wachstumschancen, Vergütung sowie Beziehungen zu Kollegen und Führungskräften können die Mitarbeiterzufriedenheit beeinflussen. Der Einsad von Skalierungsfragen kann Unternehmen dabei helfen, die Mitarbeiterzufriedenheit zu quantifizieren und besser zu verstehen.

Gesamdufriedenheitsbewertung:

Frage: "Auf einer Skala von 1 bis 10, wie zufrieden sind Sie mit Ihrem aktuellen Job?"

Ziel: Erhalten Sie eine Gesamtbewertung der Mitarbeiterzufriedenheit.

Teamdynamik verstehen:

Frage: "Wie positiv bewerten Sie auf einer Skala von 1 bis 10 die Zusammenarbeit mit Ihren Kollegen?"

Ziel: Identifizieren Sie die Qualität zwischenmenschlicher Beziehungen innerhalb von Teams.

Führungsbewertung:

Frage: "Auf einer Skala von 1 bis 10, wie sehr fühlen Sie sich von Ihren Vorgesedten unterstüdt?"

Ziel: Die Wahrnehmung der Mitarbeiter in Bezug auf Führung und Managementunterstüdung verstehen.

Bewertung der Wachstumschancen:

Frage: "Auf einer Skala von 1 bis 10, wie viel bietet das Unternehmen Ihrer Meinung nach Möglichkeiten zur beruflichen Weiterentwicklung?"

Ziel: Bewerten Sie die Wahrnehmung der Mitarbeiter hinsichtlich Entwicklungs- und Schulungsmöglichkeiten.

Feedback zu Ressourcen und Arbeitstools:

Frage: "Auf einer Skala von 1 bis 10, für wie angemessen halten Sie die vom Unternehmen bereitgestellten Tools und Ressourcen für Ihre Arbeitsanforderungen?"

Ziel: Identifizieren Sie etwaige Mängel oder Verbesserungsmöglichkeiten bei den Mitarbeitern zur Verfügung gestellten Ressourcen.

Fazit des Beispiels:

Viele erfolgreiche Führungskräfte verwenden regelmäßig Skalierungsfragen, um die Dynamik innerhalb des Unternehmens zu bewerten, beispielsweise den Grad der Zufriedenheit ihrer Mitarbeiter und Mitarbeiter. Dies sind ideale Fragen, da sie eine klare und messbare Vorstellung vom internen Klima des Unternehmens und der Wahrnehmung der Arbeitnehmer gegenüber Managern und anderen wichtigen Persönlichkeiten bieten.

Es handelt sich um eine quantitative Methodik, die Unternehmen konkrete Daten liefert, die im Laufe der Zeit analysiert und verglichen werden können, sodass sie die Entwicklung verschiedener Situationen und Probleme überwachen können. Schließlich ermöglichen sie es uns, kritische Bereiche rechdeitig zu identifizieren und Strategien zur Verbesserung des Arbeitsumfeldes zu formulieren.

HYPOTHETISCHE FRAGEN

In den folgenden Abschnitten werden wir uns hypothetische Fragen im Detail ansehen und herausfinden, warum sie hilfreich sind und wie wir sie in jedem Kontext optimal nuden können.

DEFINITION

Das Ziel hypothetischer Fragen besteht darin, den Gesprächspartner dazu zu bringen, über eine imaginäre Situation nachzudenken und über den Geisteszustand nachzudenken, in dem er sich befinden würde, wenn sie real wäre.

Diese Art von Frage schlägt daher eine erfundene Situation oder einen erfundenen Umstand vor, um mögliche Reaktionen, Entscheidungen oder Gefühle auf Ereignisse zu verstehen, die noch nicht eingetreten sind. Dabei spielt die Vorstellungskraft eine grundlegende Rolle und entschcidet über Misserfolg oder Erfolg der Fragestellung.

Haupteigenschaften:

Analyse zukünftiger Szenarien
Anregung des kreativen Denkens

Hypothetische Fragen ermöglichen es dem Gesprächspartner, zukünftige Herausforderungen und Chancen vorherzusehen und sich darauf vorzubereiten. Tatsächlich kann die Person durch das Nachdenken über eine imaginäre Situation bestimmte Emotionen im Voraus erleben und sich sowohl auf psychologischer als auch auf mentaler Ebene darauf vorbereiten.

Diese Fragen bringen die Menschen auch dazu, über den Tellerrand zu schauen und über neue Lebensmöglichkeiten nachzudenken.

Verwendung im Geschäftskontext:

Viele erfolgreiche Führungskräfte nuden hypothetische Fragen, um sich im Voraus auf positive und negative Ereignisse vorzubereiten, die in der Zukunft eintreten könnten. Sie eignen sich perfekt, um zukünftige Herausforderungen zu antizipieren und das Team frühzeitig darauf vorzubereiten, bei Bedarf bereit und organisiert zu sein.

Bei strategischen Besprechungen wird dringend empfohlen, mehrere hypothetische Fragen zu stellen, um zu verstehen, wie das Team auf Marktveränderungen oder Innovationen reagieren könnte. Sehr oft enthüllen die Antworten echte Überraschungen für den Manager, der verschiedene Verbesserungsideen finden und die nächsten Schritte der Wettbewerber antizipieren oder neue Geschäftsmöglichkeiten entdecken kann.

Die Antworten auf die hypothetischen Fragen sind weniger präzise und bestimmt als die Skalierungsfragen. Dennoch handelt es sich um wertvolle Erkenntnisse, die das Zukunftsszenario des Unternehmens im Falle bestimmter Ereignisse abbilden.

Beispiele für hypothetische Fragen im Geschäftskontext:

"Wenn wir morgen in einen neuen Markt eintreten würden, was wären Ihre ersten drei Schritte?"

"Stellen Sie sich vor, ein großer Konkurrent bringt ein ähnliches Produkt wie unseres zum halben Preis auf den Markt. Wie würden Sie reagieren?"

"Wenn Sie die Chance hätten, nur eine Sache an unserer Geschäftsstrategie zu ändern, welche wäre das?"

Zweck:

Nachfolgend sind die Hauptzwecke der hypothetischen Fragen im Geschäftskontext aufgeführt:

Untersuchung von Zukunftsszenarien: Hypothetische Fragen ermöglichen es Unternehmen, sich mögliche Szenarien vorzustellen, und helfen Teams, sich auf unerwartete Ereignisse vorzubereiten und proaktive Strategien zu planen.

Kreatives Denken anregen: Diese Fragen bringen Mitarbeiter dazu, über den Tellerrand zu schauen, Innovationen zu fördern und neue Ideen hervorzubringen.

Entscheidungsbewertung: Durch hypothetische Fragen können Unternehmen die möglichen Konsequenzen von Entscheidungen bewerten, bevor sie diese umsetzen, und so eine tiefergehende Reflexion über die möglichen Auswirkungen ermöglichen.

Risiken und Chancen identifizieren: Mithilfe dieser Fragen können potenzielle Risiken und Chancen in verschiedenen Szenarien identifiziert werden, sodass Unternehmen vorbereitet und reaktionsfähig sind.

Zusammenarbeit fördern: Hypothetische Fragen fördern Diskussionen und Debatten unter den Teammitgliedern und fördern so eine bessere Zusammenarbeit und den Austausch von Ideen.

Schulung und Entwicklung: Diese werden häufig in Schulungs- und Entwicklungssidungen eingesedt, um Mitarbeitern dabei zu helfen, über ihre Handlungen und Verhaltensweisen in bestimmten hypothetischen Situationen nachzudenken.

Tiefes Verständnis der Geschäftsdynamik: Durch diese Fragen können Unternehmen verstehen, wie sich verschiedene Faktoren oder Veränderungen auf das gesamte Unternehmen auswirken könnten, und so ein tieferes Verständnis der internen Dynamik erlangen.

Testen der Bereitschaft: Hypothetische Fragen können testen, wie gut ein Team oder eine Einzelperson auf den Umgang mit bestimmten Situationen vorbereitet ist, indem ihre Antworten und Reaktionen auf imaginäre Szenarien bewertet werden.

PRAKTISCHES BEISPIEL – DIE EINFÜHRUNG EINER NEUEN TECHNOLOGIE

Die Hauptaufgabe eines Managers besteht darin, sein Unternehmen kontinuierlich zu erneuern und es auf dem Markt immer wettbewerbsfähiger zu machen. Ein erfolgreiches Unternehmen zeichnet sich durch eine ständige technologische

Weiterentwicklung durch die Einführung neuer Technologien aus, die zu erheblichen Veränderungen in der Art und Weise führen kann, wie es arbeitet und seine Kunden zufriedenstellt.

Die Anpassung und Integration dieser neuen Technologien sind entscheidend für die Aufrechterhaltung der Wettbewerbsfähigkeit und die Erfüllung wachsender Kundenerwartungen.

Identifizierung neuer Technologien:

Frage: „Welche neuen Technologien könnten Auswirkungen auf unsere Branche haben?"

Ziel: Erkennen und verstehen Sie die technologischen Innovationen, die sich auf dem Markt durchseden.

Die Vorteile und Herausforderungen verstehen:

Frage: "Welche Vorteile könnten wir erwarten, wenn wir diese neue Technologie einführen, und welche Herausforderungen könnten darin bestehen?"

Ziel: Bewerten Sie die potenziellen Vorteile der Technologieeinführung und identifizieren Sie eventuell auftretende Hindernisse oder Probleme.

Bewertung der Auswirkungen auf Unternehmensbereiche:

Frage: "Könnte diese neue Technologie Auswirkungen auf die Produktion oder den Vertrieb unserer Produkte oder Dienstleistungen haben?"

Ziel: Analysieren Sie, wie sich die Einführung von Technologie auf das gesamte Geschäfts Ökosystem auswirken könnte.

Analyse von Zukunftsszenarien:

Frage: "Wenn wir diese Technologie in den nächsten fünf Jahren implementieren würden, wie würde sich das Ihrer Meinung nach auf unser Geschäftsmodell auswirken?"

Ziel: Betrachten Sie mögliche Szenarien und bewerten Sie, wie sich das Unternehmen durch die Integration der neuen Technologie weiterentwickeln könnte.

Strategische Überlegungen zur Umsedung:

Frage: "Welche Schritte sollten wir unternehmen, um diese Technologie erfolgreich in unser Unternehmen zu integrieren?"

Ziel: Entwicklung einer strategischen Roadmap für die Technologieeinführung unter Berücksichtigung von Ressourcen, Zeit und potenziellen Herausforderungen.

Fazit des Beispiels:

Mit dieser kurzen Liste von Fragen kann sich ein Manager ein umfassendes Bild davon machen, in welche Technologien er investieren sollte und welche wirtschaftliche Rendite er kurz- und langfristig erwarten kann. Im Allgemeinen ermöglichen hypothetische Fragen Unternehmen, die Einführung neuer Technologien, aber auch weitere strategische Veränderungen proaktiv zu analysieren und zu bewerten.

Diese Fragen bringen Teams dazu, kritisch und strategisch zu denken und dabei positive und negative Chancen abzuwägen. Auf diese Weise kann das Unternehmen auf Basis einer vorherigen Analyse strategische Entscheidungen treffen und sich besser auf die Zukunft vorbereiten.

Mithilfe dieser Fragen können Manager aufkommende Herausforderungen erkennen und angehen, aber auch neue

Chancen ergreifen und so eine proaktive und strategische Denkweise im Unternehmen fördern.

In einem sich ständig weiterentwickelnden Markt ist die Fähigkeit zur Vorhersage, Anpassung und Innovation von entscheidender Bedeutung, um die Konkurrenz zu gewinnen.

AUSNAHMEFRAGEN

Im nächsten Abschnitt befassen wir uns mit der Analyse von Ausnahmefragen und gehen der Frage nach, warum sie relevant sind und wie wir sie unter verschiedenen Umständen optimal nuden können.

DEFINITION

Ausnahmefragen sind Fragen, die sich auf Zeiten konzentrieren, in denen ein bestimmtes Problem aus verschiedenen Gründen nicht auftrat oder in denen es Ausnahmen von der Norm gab.

Diese Art von Fragen hilft herauszufinden, was gut funktioniert, und kann Ideen für Verbesserungen in den problematischsten Situationen liefern. Auf diese Weise werden die Ressourcen, Strategien und Dynamiken erkannt und identifiziert, die es einem System oder einer Person ermöglicht haben, in einer bestimmten Situation erfolgreich zu sein, selbst wenn Hindernisse vorhanden sind.

Dieser Ansad eignet sich ideal für therapeutische und betriebliche Umgebungen, da er erfolgreiche Praktiken identifiziert, die verstärkt und repliziert werden müssen, um aktuelle Herausforderungen zu meistern und zu bewältigen.

Haupteigenschaften:

Positiver Gedanke Identifizierung von Ressourcen und Lösungen Förderung von Optimismus und Resilienz Der Fokus der Ausnahmefragen liegt auf dem, was gut funktioniert und hervorragende Ergebnisse liefert. Wir konzentrieren uns daher nicht auf Probleme oder Schwierigkeiten, sondern identifizieren wiederkehrende Muster, die zu Ergebnissen geführt haben, und wenden sie auf kritische Situationen an.

Das Ziel dieser Fragen besteht darin, ein optimistisches Denken aufrechduerhalten, das dazu beitragen kann, mit größerer geistiger Klarheit die praktischen Strategien zu identifizieren, die übernommen werden könnten. Durch die Fokussierung auf die positiven Ausnahmen können diese Fragen das Selbstvertrauen und die Motivation aller im Unternehmen steigern.

Verwendung im Geschäftskontext:

Im geschäftlichen Kontext erweisen sich Ausnahmefragen als exzellentes Instrument, um so schnell wie möglich die Strategien und Entscheidungen zu identifizieren, die die meisten Ergebnisse erbracht haben, um diese in der Zukunft aufrechduerhalten und zu verstärken.

Diese Fragen eignen sich ideal zur Lösung von Produktivitätsproblemen in den verschiedenen strategischen Abteilungen des Unternehmens. Sehr oft werden einige Projekte außergewöhnlich schnell und effektiv erstellt und abgeschlossen, während dies manchmal anders ist.

Die Grundlage besteht darin, den richtigen Ansad und die richtige Methode zu identifizieren, die Projektmanager haben müssen, um eine hohe Produktivität aufrechduerhalten und gleichzeitig den Aufwand auf ein Minimum zu reduzieren.

Für einen Manager ist es wichtig zu verstehen, was gut funktioniert, um das Ergebnis zu verstärken und zu skalieren, aber vor allem muss er erkennen, was nicht funktioniert, um das Problem an der Wurzel zu lösen, ohne zu viel Zeit zu verschwenden.

Der Erfolg jedes Unternehmens ist das Ergebnis von Methode, Strategie und Planung; die Aufgabe eines jeden erfolgreichen Managers besteht darin, verschiedene Taktiken zu testen und umzuseden, um sein Unternehmen zum Erfolg zu führen. Zusammenfassend lässt sich sagen, dass außergewöhnliche Fragen im Geschäftskontext leistungsstarke Werkzeuge sind, die es Ihnen ermöglichen, sich auf das Potenzial des Unternehmens zu konzentrieren, vergangene Erfolge zu erkennen und diese Informationen zu nuden, um in der Zukunft die richtigen Entscheidungen zu treffen.

Beispiele für Ausnahmefragen im Geschäftskontext:

"Gab es in den ledten Monaten Zeiten, in denen Problem X nicht aufgetreten ist? Wenn ja warum?

"Gab es in dieser Krise Momente, in denen wir positive Anzeichen gesehen haben? Was hat zu diesen Erfolgen beigetragen?"

"Denken Sie an die Zeiten, als unser Team trod Schwierigkeiten sein Bestes gab. Wie fühlten Sie sich?"

Zweck von Ausnahmefragen im Geschäftskontext:

Identifizieren Sie frühere Lösungen, die funktioniert haben:

Ausnahmefragen helfen dabei, zu erkennen, wann ein Problem nicht aufgetreten ist, und ermöglichen es Unternehmenzu verstehen, welche Maßnahmen oder Umstände dazu beigetragen haben, das Problem zu verhindern oder zu mildern. Dies kann Erkenntnisse darüber liefern, wie diese Lösungen in anderen Situationen repliziert werden können.

Steigerung des Selbstwertgefühls:

Diese Fragen ermutigen die Mitarbeiter, ihre bisherigen Erfolge und die gezeigten Fähigkeiten anzuerkennen. Dies kann das Selbstvertrauen und die Motivation steigern und Mitarbeiter dazu veranlassen, neue Initiativen zu ergreifen und proaktiv nach Lösungen zu suchen.

Förderung des Optimismus:

Durch die Fokussierung auf Episoden, in denen alles gut gelaufen ist, können Ausnahmefragen dazu beitragen, den Optimismus und positive Praktiken im Unternehmen zu steigern und deren Wiederholung zu fördern.

Bieten Sie eine andere Perspektive:

Anstatt sich ausschließlich auf das zu konzentrieren, was nicht funktioniert, bieten Ausnahmefragen eine alternative Sichtweise und heben hervor, was bereits gut funktioniert. Dies kann zu größerer Offenheit und neuen Denkweisen führen.

Erleichtern Sie die Fehlerbehebung:

Durch die Identifizierung von Ausnahmen, also wenn das Problem nicht aufgetreten ist, können Unternehmen Hinweise auf mögliche Lösungen und Strategien zur Bewältigung aktueller Herausforderungen finden.

Zusammenarbeit fördern:

Außergewöhnliche Fragen können konstruktive Diskussionen innerhalb von Teams anregen und die Mitglieder dazuermutigen, positive Erfahrungen auszutauschen und zusammenzuarbeiten, um Lösungen auf der Grundlage vergangener Erfolge zu finden.

Ressourcen optimieren:

Durch das Erkennen von Situationen, in denen vorhandene Ressourcen effektiv genudt wurden, können Unternehmen die Ressourcennudung in Zukunft weiter optimieren.

PRAKTISCHES BEISPIEL – REDUZIERUNG DER PRODUKTIVITÄT

Einer der Schlüssel zum Erfolg eines jeden Unternehmens ist die Produktivität; die Aufgabe der Führungskraft besteht darin, kontinuierlich neue Strategien zu finden und zu testen, die darauf abzielen, Prozesse zu automatisieren und die Arbeit der Mitarbeiter zu reduzieren.

Allerdings erleben Unternehmen im Laufe ihres Lebenszyklus häufig Phasen, in denen die Produktivität sinkt. Diese Rückgänge können auf verschiedene Faktoren zurückzuführen sein, beispielsweise auf interne Veränderungen, neue Marktdynamiken, technologische

Probleme oder personelle Spannungen. Um das Wachstum und die Stabilität des Unternehmens mittel- bis langfristig sicherzustellen, ist es von entscheidender Bedeutung, die Ursachen dieser Rückgänge zu identifizieren und anzugehen.

Identifizierung von Perioden mit hoher Produktivität:

Frage: "Gab es in den ledten Monaten Zeiten, in denen wir einen Produktivitätsschub bemerkt haben? Wann?"

Ziel: Erkennen Sie die Zeiträume, in denen das Unternehmen seine besten Leistungen erbracht hat, und verstehen Sie, warum.

Analyse der positiven Dynamik:

Frage: „Welche Praktiken oder Dynamiken haben Ihrer Meinung nach während dieser Produktivitätsspiden am meisten zu diesem Erfolg beigetragen?"

Ziel: Identifizieren Sie Aktionen oder Umstände, die in der Vergangenheit zu einer Produktivitätssteigerung geführt haben.

Bewertung bisheriger Strategien:

Frage: "Gab es in der Vergangenheit Strategien oder Initiativen, die wir umgesedt haben und die zu positiven Ergebnissen geführt haben?"

Ziel: Erkennen Sie Strategien, die in der Vergangenheit gut funktioniert haben, und bewerten Sie, ob sie erneut vorgeschlagen oder an die aktuelle Situation angepasst werden können.

Erkundung positiver Ausnahmen:

Frage: "Gibt es trod des allgemeinen Produktivitätsrückgangs Abteilungen oder Teams, die ihre Effizienz beibehalten oder sogar steigern konnten? Welche?"

Ziel: Bereiche des Unternehmens identifizieren, die noch gute Leistungen erbringen, um zu verstehen, was sie richtig machen und ob diese Praktiken auf andere Bereiche ausgeweitet werden können.

Strategische Überlegungen für die Zukunft:

Frage: "Welche Maßnahmen sollten wir aufgrund unserer bisherigen positiven Erfahrungen und aktuellen Ausnahmen umseden, um den aktuellen Trend der verringerten Produktivität anzugehen und umzukehren?"

Ziel: Nuden Sie die aus Ausnahmefragen gesammelten Informationen, um Pläne und Strategien zu formulieren, die dem Unternehmen helfen, aktuelle Herausforderungen zu meistern und die Produktivität in der Zukunft zu verbessern.

Der Produktivitätsrückgang stellt ein erhebliches Problem für Unternehmen dar, die gezwungen sind, drastische Entscheidungen zu treffen, um ihre Positionierung auf dem Markt zu sichern.

In diesem Beispiel wurden Ausnahmefragen verwendet, um dem Unternehmen zu helfen, sich nicht nur auf aktuelle Probleme zu konzentrieren, sondern auch auf Situationen, in denen es in der Vergangenheit erfolgreich war. Dieser positive Ansad kann wertvolle Erkenntnisse und konkrete Strategien zur Bewältigung aktueller und zukünftiger Herausforderungen liefern.

FRAGEN ZU RESSOURCEN

In den folgenden Teilen des Textes konzentrieren wir uns auf die Analyse des Ressourcenbedarfs, die Untersuchung, warum er wichtig ist und wie man ihn in verschiedenen Situationen optimal nuden kann.

DEFINITION

Die Ressourcenfragen sollen den Gesprächspartner dazu anregen, über seine Fähigkeiten und Kenntnisse nachzudenken. Der Antwort geht in der Regel eine kurze Reflexionspause voraus, in der man über seine Fähigkeiten und Fertigkeiten nachdenken kann. Es handelt sich also um Fragen, die sich auf die Fähigkeiten und Fertigkeiten konzentrieren, die eine einzelne Person im Laufe der Zeit erworben und in die Praxis umgesedt hat.

Diese Art von Fragen können an eine einzelne Person oder an eine Gruppe von Personen gerichtet werden, die zusammenarbeiten oder leben. Sie sind unverzichtbare Werkzeuge, denn sie ermöglichen es jedem, seine Ressourcen zu erkennen und zu verbessern, indem er versucht, sie hervorzuheben und sich von anderen abzuheben.

Haupteigenschaften:

Anerkennung von Fähigkeiten Steigerung des Selbstvertrauens Aufrechterhaltung der Motivation

Ressourcenanwendungen werden häufig verwendet, um die oft als selbstverständlich angesehenen Fähigkeiten und Fertigkeiten einer Person zu identifizieren und zu verbessern.

Auf diese Weise wird der Fokus auf die positiven Seiten der

Person gelegt und ihr Selbstwertgefühl und Selbstvertrauen gestärkt. Der Gesprächspartner wird erkennen, dass er wertvoll ist und über eine Fülle an Ausbildung und Fähigkeiten verfügt, die er im Laufe der Jahre erworben hat.

Durch die Fokussierung auf Ressourcen und Fähigkeiten statt auf Mängel oder Probleme können diese Fragen die Motivation der Person aufrechterhalten und ihr helfen, zukünftige Herausforderungen besser zu meistern und Chancen wahrzunehmen.

Verwendung im Geschäftskontext:

Diese Art von Fragen kommt in erfolgreichen Unternehmen häufig vor; tatsächlich halten Manager es für ein praktisches und effektives Werkzeug, das sie mit ihren Mitarbeitern oder Kollegen nuden können. Das Haupdiel besteht darin, die Fähigkeiten und Fertigkeiten der verschiedenen Abteilungen zu verbessern und optimal zu nuden, um ein Umfeld intensiver Zusammenarbeit zu schaffen und so die Produktivität zu steigern.

Während der strategischen Planung könnte eine Führungskraft den Ressourcenbedarf nuden, um kritische Kompetenzen zu identifizieren, die das Unternehmen nuden kann, um neue Geschäftsmöglichkeiten zu verfolgen. Sie sind ein leistungsstarkes Werkzeug für Unternehmen, die nicht nur ihre personellen, sondern auch materiellen Ressourcen verbessern, weiterentwickeln und optimieren möchten.

Beispiele für Ressourcenfragen im Geschäftskontext:

"Über welche Fähigkeiten oder Fertigkeiten verfügt unser

Team Ihrer Meinung nach, die uns von der Konkurrenz abheben?"

"Wenn wir an unsere bisherigen Erfolge denken, welche Ressourcen haben wir genudt, um diese Ziele zu erreichen?"

"Wenn wir vor einer neuen Herausforderung stünden, welche internen Ressourcen könnten wir nuden, um sie zu meistern?"

Zweck:

Sicherlich! Hier sind die Zwecke von Ressourcenanfragen im Geschäftskontext:

Identifizierung von Fähigkeiten:

Ressourcenanfragen helfen dabei, die im Unternehmen vorhandenen Fähigkeiten, Fertigkeiten und Talente zu erkennen und zu identifizieren. Dadurch erhalten Sie eine klare Vorstellung-von den Fähigkeiten des Teams und davon, wie diese am besten genudt werden können.

Verstärkung des Personals:

Durch diese Fragen können Unternehmen ihre Mitarbeiter fördern, ihre Stärken und Bereiche erkennen, in denen sie sich auszeichnen, und so Motivation und Engagement fördern.

Ressourcenoptimierung:

Ressourcenanforderungen ermöglichen es Ihnen, nicht ausreichend genudte Ressourcen zu identifizieren und sicherzustellen, dass jede Ressource optimal genudt wird, während gleichzeitig Abfall reduziert wird.

Trainingsplanung:

Durch die Identifizierung von Bereichen, in denen das Team möglicherweise weitere Entwicklung oder Schulung benötigt, können Unternehmen gezielte Schulungsprogramme planen, um Lücken zu schließen.

Verbessertes Wohlbefinden der Mitarbeiter:

Durch die Anerkennung und Wertschädung der Fähigkeiten und Ressourcen der Mitarbeiter können Unternehmen das Wohlbefinden und die Arbeitszufriedenheit verbessern, die Fluktuation reduzieren und die Produktivität steigern.

Entscheidungsunterstüdung:

Mit einem klaren Verständnis der verfügbaren Ressourcen können Führungskräfte und Manager bessere Entscheidungen über neue Projekte, Arbeitsaufgaben und Geschäftsstrategien treffen.

Innovationsförderung:

Durch die Identifizierung und Nudung der Ressourcen und Fähigkeiten der Mitarbeiter können Unternehmen Innovation und Kreativität fördern und so zu neuen Ideen und Lösungen führen.

PRAKTISCHES BEISPIEL – MENSCHLICH RESSOURCEN MANAGEMENT

Das Personalmanagement ist einer der entscheidenden Aspekte eines jeden Unternehmens. Menschen sind die wertvollste Ressource und ihr Wohlbefinden, ihre Motivation und ihre Kompetenz sind von grundlegender Bedeutung für den Unternehmenserfolg.

Ressourcenanwendungen können dabei helfen, die Fähigkeiten und Fertigkeiten der Mitarbeiter zu identifizieren und zu nuden und sicherzustellen, dass jeder Einzelne in der am besten geeigneten Rolle positioniert wird.

Identifizierung von Schlüsselkompetenzen:

Frage: "Was sind unserer Meinung nach die wichtigsten Fähigkeiten und Talente, die für unser Team unerlässlich sind?" Ziel: Definieren Sie die wesentlichen Fähigkeiten, die zum Erreichen der Unternehmensziele erforderlich sind.

Bewertung aktueller Ressourcen:

Frage: "Über welche Ressourcen und Fähigkeiten verfügen wir derzeit im Team?"
Ziel: Erstellen Sie eine Liste der vorhandenen Fähigkeiten und identifizieren Sie etwaige Lücken.

Identifizierung nicht ausreichend genudter Ressourcen:

Frage: "Gibt es in unserem Team Fähigkeiten oder Talente, die wir nicht voll ausschöpfen?"
Ziel: Entdecken Sie die neuen Potenziale der Mitarbeiter, die noch nicht genudt werden können, und bewerten Sie, wie diese am besten genudt werden können.

Ausbildungsmöglichkeiten:

Frage: "Welche Ressourcen könnten wir durch Schulung oder Mentoring weiterentwickeln?"
Ziel: Identifizieren Sie Bereiche, in denen Schulungen die Fähigkeiten des Teams weiter verbessern könnten.

Strategische Überlegungen zum Ressourcenmanagement:

Frage: "Wie können wir das Team angesichts unseres Talentpools und unserer Ressourcen so organisieren, dass Produktivität und Effektivität maximiert werden?"

Ziel: Entwickeln Sie einen strategischen Plan, um jeden Einzelnen in die Rolle zu bringen, in der er glänzen kann und das Beste aus seinen Fähigkeiten und Ressourcen macht.

WUNDERFRAGEN

In den folgenden Abschnitten werden wir den Einsad von Wund- erfragen eingehend untersuchen und die Gründe und Strategien analysieren, wie man sie in jedem Kontext optimal nuden kann.

DEFINITION

Die Wunderfragen sind sehr speziell und spannend. Sie konzentrieren sich auf ein Problem der Person oder des Systems, das auf wundersame Weise in der Zukunft verschwindet. Sie sind sehr effektiv, weil sie sich auf mögliche Lösungen konzentrieren und nicht auf das Problem selbst; auf diese Weise werden positive Visionen und Optimismus angeregt.

Diese Art von Frage lädt den Einzelnen dazu ein, sich eine Zukunft vorzustellen, in der das Problem auf magische Weise über Nacht gelöst wurde, ohne den Grund und die Ursache zu kennen. Sie sind im therapeutischen Bereich weit verbreitet, finden aber auch im Unternehmenskontext Anwendung. Im therapeutischen Bereich helfen Wunderfragen dem Einzelnen, sich ein Szenario vorzustellen, in dem die aktuellen Schwierigkeiten nicht mehr bestehen.

Auf diese Weise erhält die Person eine neue Perspektive und wird ermutigt, über die möglichen positiven Veränderungen in ihrem Leben und die Maßnahmen zur Verwirklichung dieses gewünschten Szenarios nachzudenken. Diese Fragen tragen dazu bei, den Fokus von gegenwärtigen Einschränkungen auf zukünftiges Potenzial zu lenken und ein Gefühl von Hoffnung und Möglichkeiten zu vermitteln.

Haupteigenschaften:

Lösungsorientierung Anregung der Kreativität Förderung des Optimismus

Das Ziel dieser Art von Befragung besteht darin, die Aufmerksamkeit vom Problem auf die gewünschte Lösung zu lenken, indem man sich eine glückliche Zukunft ohne besondere Sorgen vorstellt. Sie helfen dem Einzelnen daher, Ziele und Wünsche zu identifizieren, indem sie mögliche Lösungen und Methoden finden, um das Leben zu erreichen, das er sich vorstellt.

Zweifellos öffnen Wunderfragen den Geist für neue Möglichkeiten und regen zum Denken über den Tellerrand hinaus an.

Schließlich sind sie von grundlegender Bedeutung für die Förderung des Optimismus; Tatsächlich konzentrieren sie sich auf eine positive Zukunft und steigern die Motivation und Hoffnung der Person.

Verwendung im Geschäftskontext:

In Brainstorming oder strategischen Planungssidungen sind oft Wunderfragen enthalten; Sie helfen dem Team, sich

Situationen vorzustellen, die noch nicht real sind, um sehr genau die Maßnahmen zu identifizieren, die zum Erreichen eines bestimmten Ziels erforderlich sind. Erfolgreiche Führungskräfte wissen, wie wichtig es ist, im Unternehmen ein positives und anregendes Umfeld zu schaffen. Aus diesem Grund nuden sie häufig Wunderfragen, um Visionen und Innovationen in ihren Teams anzuregen.

Diese Art von Frage stellt alle Menschen auf die Probe und bringt die Kreativität und das verborgene Potenzial jedes Einzelnen zum Vorschein, um ihn im Team hervorzuheben. Im Unternehmensumfeld werden Wunderfragen eingesedt, um scheinbar unüberwindbare Hindernisse zu überwinden.

Sie bieten Teams und Führungskräften die Möglichkeit, über die aktuellen Umstände hinauszuschauen und sich eine optimale Zukunft vorzustellen.

Zusammenfassend lässt sich sagen, dass Wunderfragen in der Wirtschaft als Katalysatoren für proaktives und visionäres Denken dienen. Sie fordern die Menschen dazu auf, über ihre aktuellen Grenzen hinaus zu denken und sich eine Zukunft vorzustellen, in der Herausforderungen gemeistert und Ziele erreicht wurden. Durch diese optimistische Perspektive können Unternehmen Inspiration und Orientierung für ihre zukünftigen Initiativen gewinnen.

Beispiele für Wunderfragen im Geschäftskontext:

"Stellen Sie sich vor, Sie wachen morgen auf und wie durch ein Wunder sind alle unsere geschäftlichen Herausforderungen gelöst. Was würden Sie an dem Unternehmen anders bemerken?"

"Wenn ein Wunder geschehen würde und unser

Unternehmen zum unangefochtenen Marktführer würde, wie würde unser tägliches Leben aussehen?"

"Angenommen, heute Nacht, während Sie schlafen, geschieht ein Wunder und unsere interne Kommunikation wird perfekt. Was würden Sie ab morgen anders bemerken?"

ZWECK:

Wunderfragen dienen im geschäftlichen Kontext mehreren Zwecken:

Zielsedung: Wunderfragen können Unternehmen dabei helfen, ihre Vision neu zu definieren oder zu klären und neue Ziele für ihre Zukunft und ihr Wachstum zu identifizieren.

Fragen Sie zum Beispiel: "Wenn wir morgen aufwachen und unser Unternehmen sein maximales Potenzial erreicht hätte, wie würde es aussehen?" Sie können sich ein klares Bild davon machen, was das Unternehmen werden möchte.

Änderungsmanagement: Jedes Unternehmen ist mit schwierigen oder unsicheren Zeiten konfrontiert. Um ihnen bestmöglich zu begegnen, ist es notwendig, über die richtige mentale Struktur zu verfügen und offen für Veränderungen zu sein. Diese Fragen helfen, die Ursachen der Krise zu klären und das gesamte Unternehmen auf Wiederherstellungsstrategien auszurichten.

Zum Beispiel: "Wenn die vorgeschlagene Änderung bereits erfolgreich gewesen wäre, was wären die Hauptfaktoren für diesen Erfolg gewesen?" Dies kann dabei helfen, die Maßnahmen und Ressourcen zu identifizieren, die zur Erleichterung von Veränderungen erforderlich sind.

Entwicklung neuer Produkte oder Dienstleistungen: Innovation ist die Grundlage jedes erfolgreichen Unternehmens und die Verwendung dieser Fragen kann Ihnen bei der Entwicklung revolutionärer Ideen helfen. „Wenn wir das perfekte Produkt oder die perfekte Dienstleistung hätten, die die Bedürfnisse unserer Kunden vollständig erfüllt, wie würde sie aussehen?" Fragen wie diese können wertvolle Erkenntnisse über Kundenbedürfnisse und mögliche Entwicklungsrichtungen liefern.

Verbesserte interne Beziehungen: Spannungen und Konflikte innerhalb von Unternehmen sind an der Tagesordnung und Wunderfragen können dabei helfen, Lösungen zu finden. „Wenn alle Abteilungen perfekt harmonieren würden, wie stark würde sich die Produktivität des Unternehmens steigern?" Antworten auf solche Fragen können zu gemeinschaftlichen und konstruktiven Lösungen führen.

Prozessoptimierung: Jedes Unternehmen muss seine Effizienz und Produktivität durch Prozessautomatisierung kontinuierlich verbessern. „Welche Veränderungen wären uns aufgefallen, wenn unser Arbeitsablauf effizienter gewesen wäre?" Diese Frage eignet sich hervorragend, um das gesamte Team zum Nachdenken über mögliche Lösungen zur Verfeinerung und Verbesserung von Prozessen anzuregen.

Risikomanagement: Im Kontext des Risikomanagements können Wunderfragen dabei helfen, sich auf unerwartete Ereignisse vorzubereiten. "Wenn wir auf jede Herausforderung oder Krise umfassend vorbereitet wären, wie würde das unsere Heran- gehensweise an die Zukunft verändern?" Dies kann dabei helfen, Schwachstellen zu identifizieren und Notfallpläne zu entwickeln.

PRAKTISCHES BEISPIEL – MANAGEMENT VON MOMENTEN DER KRISE UND UNSICHERHEIT

Konzentrieren wir uns nun auf ein praktisches Beispiel, das sich mit der richtigen Einstellung und Herangehensweise befasst, die Sie benötigen, wenn ein Unternehmen mit Krisen und Unsicherheiten konfrontiert ist, und wie der Einsad von den Wunderfragen dabei helfen kann, diese am besten zu überwinden.

Jedes Unternehmen kann Phasen der Krise oder Unsicherheit durchmachen, die aus internen Gründen (Probleme mit Mitarbeitern oder Mitarbeitern) oder externen Gründen (Pandemien, politischen Veränderungen usw.) verursacht werden. Wir müssen daher bereit sein, Widerstand zu leisten und so gut wie möglich zu reagieren. Nachfolgend finden Sie ein praktisches Beispiel für die Verwendung Wunderfragen in diesem Zusammenhang:

Einschädung der aktuellen Geschäftslage:

Frage: "Wenn Sie morgen aufwachen und eine klare Vorstellung davon hätten, wo wir derzeit in dieser Krise stehen, was würden Sie sehen?"

Ziel: Gewinnen Sie ein klares und tiefes Verständnis der aktuellen Situation des Unternehmens.

Kommende Herausforderungen verstehen:

Wunderfrage: „Wenn wir die größten Herausforderungen der kommenden Monate vorhersehen könnten, welche wären das?"

Ziel: Vorbereitung auf potenzielle Herausforderungen und Hindernisse, die auftreten können.

Analyse möglicher Lösungen:

Frage: "Wenn wir bereits die idealen Lösungen zur Bewältigung dieser Herausforderungen hätten, welche wären diese?"

Ziel: Identifizieren und planen Sie die Maßnahmen, die zur Bewältigung von Herausforderungen erforderlich sind.

Einschädung der Auswirkungen der Krise auf das Unternehmen:

Frage: "Wenn wir genau wissen könnten, wie sich diese Krise wirtschaftlich auf das Unternehmen auswirken wird, welche Maßnahmen sollten wir ergreifen?"

Ziel: Sicherstellen, dass die getroffenen Entscheidungen dem Ausmaß der Krise angemessen sind

Strategische Überlegungen für die Zukunft:

Frage: "Wenn wir einen perfekten Fahrplan hätten, um erfolgreich aus dieser unsicheren Situation herauszukommen, wie würde dieser aussehen?"

Ziel: Formulieren Sie Pläne und Strategien, um die langfristige Widerstandsfähigkeit und den Wohlstand des Unternehmens sicherzustellen.

Fazit des Beispiels: Die Wunderfragen sollen die Perspektive des Gesprächspartners verändern; tatsächlich werden die Probleme nicht als Selbsdweck, sondern als mögliche Lösungen analysiert. Diese Methode ist ideal für Führungskräfte, die die Krisen- themen des Unternehmens zielstrebig und effektiv angehen wollen. In Zeiten der Unsicherheit ist es wichtig, auch in den schwierigsten Momenten eine optimistische Zukunftsvision zu haben.

Die richtige Einstellung ist entscheidend und hilft dabei, die richtigen Strategien zu planen, um der Krise zu entkommen. Die Fähigkeit, sich schnell an verschiedene Szenarien anzupassen, ist eine Fähigkeit, die jeder Manager unbedingt mitbringen muss.

FRAGEN ZUR ERKUNDUNG

Im folgenden Abschnitt werden wir uns mit der Analyse von Explorationsfragen befassen und untersuchen, warum sie wichtig sind und wie wir in verschiedenen Situationen den größten Nuden daraus ziehen können.

DEFINITION

Diese Kategorie systemischer Fragen ist bekannt und wird im betrieblichen und therapeutischen Umfeld eingesedt. Dabei handelt es sich um Fragen, die darauf abzielen, tiefer in ein bestimmtes Thema einzutauchen. Der Gesprächspartner muss daher sorgfältig über die Antwort nachdenken, um wertvolle Werkzeuge und Informationen für eine umfassendere Sicht auf das Problem oder die Situation bereidustellen, mit der er konfrontiert ist. Sehr oft ergeben sich aus solchen Fragen neue Details und Perspektiven, die zuvor noch nicht erkennbar waren.

In einem Geschäftskontext, in dem das Verständnis interner und externer Dynamiken von entscheidender Bedeutung ist, können explorative Fragen als wirkungsvolle

Untersuchungsinstrumente dienen. Im Gegensad zu geschlossenen Fragen, die spezifische Antworten haben, sind explorative Fragen offene Fragen und laden den Gesprächspartner dazu ein, umfassender über ein bestimmtes Thema oder eine bestimmte Situation nachzudenken.

Sie suchen daher nicht nach unmittelbaren oder endgültigen Antworten, sondern öffnen die Tür zu neuen Denk- und Sichtweisen auf einen bestimmten Sachverhalt. Das Haupdiel besteht darin, den Horizont zu erweitern und neue verborgene Möglichkeiten zu entdecken.

Abschließend werden Erkundungsfragen formuliert, um Reflexion und Neugier anzuregen und den Einzelnen oder das Team dazu zu bringen, neue Perspektiven, Ideen oder Lösungen zu erkunden.

Haupteigenschaften:

Förderung der Neugier Offenheit für Neues Anregung des Dialogs

Explorative Fragen sind ideal, um die Neugier einer Person oder eines Systems zu wecken; Sie ermutigen den Gesprächspartner, eine umfassendere Sicht auf ein Thema zu haben und sich nicht bei persönlichen Überzeugungen und Kenntnissen aufzuhalten. Diese Fragen basieren daher nicht auf Annahmen oder Vorurteilen, sondern ermöglichen eine echte Offenheit für neue Ideen und Perspektiven.

Schließlich eignen sie sich hervorragend, um einen reinen und tiefgründigen Dialog anzuregen; Sie werden oft verwendet, um sinnvolle und wertvolle Diskussionen zu beginnen. Auf diese Weise wird ein positives und ideales Umfeld für Lernen und Wachstum geschaffen.

Verwendung im Geschäftskontext:

Alle Unternehmensleiter sollten sofort damit beginnen, explorative Fragen einzuseden, um Innovation und Wachstum ihrer Mitarbeiter und des gesamten Unternehmens zu fördern. Diese Art von systemischer Frage passt perfekt zum aktuellen Kontext aller Unternehmen, in denen die Entwicklung sehr schnell voran- schreitet, der Wettbewerb immer bedeutender wird und die Schwierigkeiten jedes Jahr zunehmen.

Explorationsfragen sind daher wesentliche Instrumente, deren Haupdiel darin besteht, die Kreativität und damit die Inno- vation der angebotenen Produkte oder Dienstleistungen zu fördern. Sie können bei Brainstorming-Sidungen, Team Diskussionen und Strategiebesprechungen eingesedt werden. Sehr oft werden aus solchen Fragen neue Richtungen, Herausforderungen und Wachstumschancen identifiziert.

Schließlich können explorative Fragen dazu beitragen, eine Unternehmenskultur aufzubauen, die Neugier, kontinuierliches Lernen und ständige Weiterbildung schädt. Zusammenfassend können wir diese Art von Fragen als ein leistungsstarkes Werkzeug definieren, das es Managern ermöglicht, neue Informationen, Perspektiven und Möglichkeiten zu untersuchen und zu entdecken. In einem dynamischen Geschäftsumfeld sind diese Fragen von entscheidender Bedeutung, um einen Wettbewerbsvorteil zu wahren und Innovationen voranzutreiben.

Beispiele für Explorationsfragen im Geschäftskontext:

"Wir einen neuen Markt oder eine neue Technologie erkunden könnten, was hätte Ihrer Meinung nach den größten Einfluss auf unser Geschäft?"

"Welche aufkommenden Trends in unserer Branche haben wir möglicherweise noch nicht berücksichtigt?"

"Wenn wir die Möglichkeit hätten, einen unserer Schlüsselprozesse zu überprüfen und neu zu erfinden, welchen würden Sie wählen und warum?"

Zweck:

Explorationsfragen haben im Geschäftskontext unterschiedliche Zwecke:

Entdecken Sie neue Informationen: Diese Fragen können Führungskräften dabei helfen, neue Informationen über Markttrends, Kundenbedürfnisse oder die interne Dynamik des Unternehmens zu sammeln.

Reflexion fördern: Explorative Fragen ermutigen Teammitglieder und Führungskräfte, intensiv über bestimmte Themen nachzudenken und fördern so ein größeres Bewusstsein und Verständnis.

Identifizieren Sie Chancen und Herausforderungen:

Durch Exploration können Unternehmen neue Wachstumschancen oder potenzielle Herausforderungen identifizieren, die möglicherweise strategische Interventionen erfordern.

Kommunikation verbessern: Diese Fragen können eine offene und authentische Kommunikation innerhalb von Teams erleichtern und den Mitgliedern helfen, ihre Perspektiven auszutauschen und eine gemeinsame Vision zu haben.

Innovation vorantreiben: Exploration kann zur Entdeckung neuer Ideen oder Ansäde führen und so Innovation und Kreativität im Unternehmen anregen.

Herausforderungen besser verstehen: Explorative Fragen können dabei helfen, Herausforderungen aus verschiedenen

Blickwinkeln zu untersuchen und ein tieferes Verständnis der Ursachen und möglichen Lösungen zu ermöglichen.

Kontinuierliches Lernen fördern: Erkundung fördert Neugier und Lernen, entscheidende Elemente für Unternehmenswachstum und -entwicklung.

Treiben Sie die zukünftige Strategie voran: Durch die Auseinandersedung mit neuen Ideen und Möglichkeiten können Unternehmen ihre zukünftige Strategie verfeinern.

Kreativität anregen: Diese Fragen regen zum unkonventionellen Denken an und ermöglichen es Teams, innovative Ideen zu entwickeln.

PRAKTISCHES BEISPIEL – MARKTVERÄNDERUNGEN

Konzentrieren wir uns nun auf ein praktisches Beispiel zur Anpassung an Marktveränderungen mithilfe explorativer Fragen:

Märkte sind dynamisch und unterliegen schnellen und manchmal unerwarteten Veränderungen. Diese Veränderungen können auf technologische Innovationen, neue Wettbewerber, veränderte Verbraucherpräferenzen oder globale Ereignisse zurückzuführen sein. Die Anpassung an diese Veränderungen ist für das Überleben und den Erfolg eines Unternehmens von entscheidender Bedeutung.

Identifizierung wichtiger Änderungen:

Frage: "Welche wesentlichen Veränderungen sehen wir derzeit in unserem Markt?"

Ziel: Verschaffen Sie sich einen klaren Überblick über die neuen Dynamiken oder Trends, die sich auf dem Markt abzeichnen.

Die Ursachen von Veränderungen verstehen:

Frage: "Welche Faktoren oder Ereignisse treiben unserer Meinung nach diese Marktveränderungen voran?"

Ziel: Identifizieren Sie die zugrunde liegenden Ursachen von Veränderungen, um die Marktdynamik besser bewerten zu können.

Bewertung der Auswirkungen auf unsere Produkte oder Dienstleistungen:

Frage: "Wie könnten sich diese Änderungen auf die Nachfrage nach unseren Produkten oder Dienstleistungen auswirken?"

Ziel: Bewertung der möglichen Auswirkungen der Änderungen auf Unternehmensangebote.

Erkundung neuer Möglichkeiten:

Frage: "Welche neuen Chancen könnten sich aus diesen Marktveränderungen für uns ergeben?"

Ziel: Identifizieren potenzieller Wachstums- oder Expansionsbereiche als Reaktion auf Marktveränderungen.

Strategische Überlegungen für die Zukunft:

Frage: "Welche strategischen Schritte sollten wir für unser Unternehmen in Betracht ziehen, nachdem wir die Veränderungen verstanden haben?"

Ziel: Pläne und Strategien formulieren, um der Zukunft zu begegnen und neue Chancen erfolgreich zu nuden.

Fazit des Beispiels:

Die Anpassung an Marktveränderungen erfordert Flexibilität, Weitblick und ein tiefes Verständnis der Dynamik. Durch den effektiven Einsad von Sondierungsfragen können Führungskräfte die Informationen gewinnen, die sie benötigen, um ihr Unternehmen durch Zeiten des Wandels zu führen und eine wettbewerbsfähige Positionierung auf dem Markt sicherzustellen.

PRAKTISCHES BEISPIEL – NEUE MÄRKTE ERKUNDEN

Eines der größten Ambitionen eines jeden Unternehmens Führers ist es, den Vertrieb seiner Produkte oder Dienstleistungen auf neue Märkte auszuweiten; dies ist zweifellos eine der wichtigsten Wachstumsstrategien für die meisten Unternehmen.

Der Eintritt in einen neuen Markt bringt jedoch viele Herausforderungen und Unsicherheiten mit sich. Explorative Fragen können Führungskräften dabei helfen, diese Herausforderung besser zu bewältigen, indem sie sich auf die möglichen Probleme vorbereiten, auf die sie im Expansionsprozess stoßen werden.

Den Marktkontext verstehen:

Frage: "Was sind die wichtigsten Trends und Dynamiken, die diesen neuen Markt charakterisieren?"

Ziel: Identifizieren Sie die Merkmale, Chancen und Herausforderungen des Zielmarkts.

Analysieren Sie Ihre Konkurrenten:

Frage: "Wer sind die Hauptkonkurrenten in diesem Markt und was sind ihre Stärken und Schwächen?"

Ziel: Die Wettbewerbslandschaft verstehen und potenzielle Wettbewerbsvorteile identifizieren.

Identifizieren Sie die Kundenbedürfnisse:

Frage: "Was sind die wichtigsten Bedürfnisse und Erwartungen der Kunden in diesem neuen Markt?"

Ziel: Sicherstellen, dass das Angebot des Unternehmens auf die Bedürfnisse des Zielmarkts abgestimmt ist.

Bewerten Sie Risiken und Hindernisse:

Frage: "Was sind die Hauptrisiken, die mit dem Eintritt in diesen Markt verbunden sind, und wie können wir sie mindern?"

Ziel: Vorbereitung auf potenzielle Herausforderungen und Entwicklung von Strategien zur Risikominderung.

Möglichkeiten zur Zusammenarbeit erkunden:

Frage: „Gibt es potenzielle lokale Partner, mit denen wir zusammenarbeiten könnten, um unsere Expansion zu erleichtern?"

Ziel: Möglichkeiten der Zusammenarbeit identifizieren, die das Wachstum beschleunigen und Risiken reduzieren können.

FAZIT DES BEISPIELS:

Der Eintritt in einen neuen Markt erfordert ein tiefes und detailliertes Verständnis seiner Dynamik; durch den richtigen Einsad explorativer Fragen können Führungskräfte die notwen digen Informationen erlangen, um kluge Entscheidungen zu treffen und ihr Unternehmen zum Erfolg in neuen Märkten zu führen.

REFLEXIONSFRAGEN

In den folgenden Abschnitten werden wir die Reflexionsfragen ausführlich und anhand praktischer Beispiele diskutieren. Wir werden ihre Hauptmerkmale und ihre Funktion in verschiedenen Kontexten analysieren.

DEFINITION

Diese Art von Frage basiert auf einer sorgfältigen und gründlichen Reflexion einer bestimmten Situation oder eines bestimmten Ereignisses, um eine detaillierte Antwort zu geben. Die Reflexionsfragen zielen nicht unbedingt darauf ab, eine unmittelbare Antwort zu finden, sondern zielen vielmehr darauf ab, möglichst viele Informationen zu erhalten, indem die Antwort so gut wie möglich argumentiert wird.

Diese Fragen können am Arbeitsplad sowie im privaten und persönlichen Bereich eingesedt werden; der Antwort geht oft eine Überlegung des Gesprächspartners voraus, um das Thema oder Thema des Gesprächs allgemein zu bewerten, bevor er seine Meinung äußert.

Haupteigenschaften:

Anregung des kritischen Denkens

Konzentrieren Sie sich auf den Prozess und nicht auf das Ergebnis

Förderung des persönlichen Wachstums größeres Selbstverständnis

Reflexionsfragen sollen den Einzelnen oder das System dazu bringen, nach innen zu blicken und über seine vergangenen Erfahrungen, Gefühle, Gedanken und Verhaltensweisen nachzudenken. Diese Reise führt zu einem größeren Bewusstsein und Verständnis für die eigene Person. Sie drängen den Gesprächspartner auch dazu, Informationen im Allgemeinen zu bewerten und zu analysieren, anstatt sie passiv zu akzeptieren. Dies kann zu Perspektivwechseln führen.

Während bei vielen Fragen kurze, präzise Antworten angestrebt werden, geht es bei Reflexionsfragen eher um das "Wie" und „Warum" hinter den Antworten. Schließlich führen sie Sie dazu, über Ihre vergangenen Erfahrungen, Gefühle und Gedanken nachzudenken. Abschließend schaffen Reflexionsfragen eine aktive Zuhörerumgebung voller Empathie.

Verwendung im Geschäftskontext:

Reflexionsfragen sind wesentliche Werkzeuge, die es Führungskräften und Teams ermöglichen, Situationen, Entscheidungen oder Dynamiken innezuhalten, zu reflektieren und zu bewerten. In einem Geschäftskontext, in dem schnelle Entscheidungen oft notwendig sind, kann die Zeit zum Nachdenken zu besseren, strategischen Entscheidungen führen.

Auf diese Weise können Führungskräfte und Teams mit mehr Aufmerksamkeit und Ruhe verschiedene Aspekte des Unternehmens kritisch reflektieren. Jedes Unternehmen basiert seinen Erfolg auf Entscheidungen und Wachstumsstrategien, die daher entscheidend sind, um sich im Wettbewerb durchzuseden.

BEISPIELE FÜR REFLEXIONSFRAGEN **im geschäftlichen Kontext:**

"Welche Entscheidung hatte Ihrer Meinung nach im Rückblick auf die ledten sechs Monate die größte Auswirkung auf unser Unternehmen, positiv oder negativ?"

"Wenn Sie auf die Zeit vor einem Jahr zurückblicken könnten, was würden Sie sich zu der von uns gewählten Strategie raten?"

"Welche Lehren aus unseren bisherigen Erfolgen oder Misserfolgen könnten wir anwenden, um sie zu bewältigen, wenn wir über unsere größten aktuellen Herausforderungen nachdenken?"

ZWECK:

Reflexionsfragen dienen im Geschäftskontext mehreren wichtigen Zwecken:

Bewusstsein fördern: Diese Fragen helfen Führungskräften und Teams, sich ihrer Handlungen, Entscheidungen und der Dynamik im Spiel bewusster zu werden.

Bewerten Sie frühere Entscheidungen: Reflexionsfragen können Ihnen dabei helfen, vergangene Entscheidungen zu bewerten und herauszufinden, was funktioniert hat, was nicht und welche Lehren Sie daraus gezogen haben.

Fördern Sie die Zukunftsplanung: Durch die Reflexion der Gegenwart und Vergangenheit können Unternehmen realistischere und strategischer Wachstumspläne für die Zukunft erstellen.

Stimulieren Sie das persönliche und berufliche Wachstum: Reflexion kann zu persönlichen Erkenntnissen führen und Wachstum und Entwicklung sowohl auf individueller als auch auf Teamebene anregen.

Unternehmenskultur stärken: Sich Zeit zum Nachdenken zu nehmen, kann dazu beitragen, die Unternehmenskultur zu stärken und kontinuierliches Lernen, Verantwortung und Zusammenarbeit zu fördern.

PRAKTISCHES BEISPIEL – BEWERTUNG DER WIRKSAMKEIT EINER UNTERNEHMENSSTRATEGIE

Im Folgenden vertiefen wir die Reflexionsfragen im Unternehmenskontext anhand eines Praxisbeispiels zur Bewertung der Wirksamkeit einer Unternehmensstrategie.

Die Aufgabe eines jeden erfolgreichen Managers besteht immer darin, neue Strategien umzuseden, um bestimmte Ziele zu erreichen. Es ist jedoch wichtig, die Wirksamkeit dieser Strategien regelmäßig zu bewerten, um sicherzustellen, dass sie mit den Geschäftszielen übereinstimmen und die gewünschten Ergebnisse liefern.

Analyse der erzielten Ergebnisse:

Frage: "Was waren bisher die wichtigsten positiven und negativen Ergebnisse und Auswirkungen unserer Strategie?" Ziel: Erhalten Sie ein klares Verständnis der Ergebnisse, die sich aus der umgesedten Strategie ergeben.

Vergleich mit den ursprünglichen Zielen:

Frage: "Inwieweit entsprechen die Ergebnisse den von uns gesedten Zielen?"

Ziel: Bewerten Sie, ob die Strategie die gesedten Ziele erreicht hat oder ob es unerwartete Ereignisse gab.

Identifizierung von Hindernissen und Herausforderungen:

Frage: "Was waren die größten Hindernisse oder Herausforderungen, auf die wir bei der Umsedung dieser Strategie gestoßen sind?"

Ziel: Die aufgetretenen Schwierigkeiten verstehen und Verbesserungsmöglichkeiten identifizieren.

Reflexion über den Entscheidungsprozess:

Frage: "Gibt es rückblickend Entscheidungen, die wir bei dieser Strategie anders getroffen hätten?"

Ziel: Bewerten Sie die Qualität des Entscheidungsprozesses und ermitteln Sie die gewonnenen Erkenntnisse.

Überlegungen für die Zukunft:

Frage: "Welche Änderungen oder Anpassungen sollten wir aufgrund unserer Erfahrung mit dieser Strategie für die Zukunft in Betracht ziehen?"

Ziel: Reflexion als Grundlage für die Planung und Optimierung zukünftiger Geschäftsstrategien nuden.

Fazit des Be ispiels:

Bei der Bewertung der Wirksamkeit einer Geschäftsstrategie geht es nicht nur um die Analyse der Ergebnisse, sondern auch um eine gründliche Reflexion des Prozesses, der getroffenen Entscheidungen und der gewonnenen Erkenntnisse. Reflexionsfragen bieten eine Möglichkeit, diese Aspekte kritisch zu untersuchen und sicherzustellen, dass sich das Unternehmen kontinuierlich verbessern und wachsen kann.

FOKUSSIERENDE FRAGEN

Der Schwerpunkt dieses Abschnitts des Buches liegt auf Fokussierung Fragen. Diese Art von systemischer Frage hat ein genaues Ziel und ermöglicht es Ihnen, tiefer in eine bestimmte Situation einzutauchen.

DEFINITION

In einer Welt, in der es reichlich Informationen gibt und Ablenkungen an der Tagesordnung sind, ist die Fähigkeit, sich zu konzentrieren, zu einer wesentlichen Fähigkeit für den Erfolg jedes Projekts geworden. Fokus Fragen erweisen sich als wirkungsvolle Werkzeuge, die Menschen und Unternehmen dabei helfen, sich auf das wirklich Wichtige zu konzentrieren und gezielte Maßnahmen und fundierte Entscheidungen voranzutreiben. Fokussierende Fragen sind sorgfältig durchdachte und formulierte Fragen mit dem Ziel, die Aufmerksamkeit auf ein bestimmtes Thema oder eine bestimmte Herausforderung zu lenken.

Diese Fragen sind sehr effektiv, wenn Sie sich auf einen einzelnen Aspekt des Gesprächs konzentrieren und ohne Ablenkung auf ein einzelnes wichtiges Detail eingehen möchten.

Der Haupdweck dieser Fragen besteht darin, irrelevante Informationen zu eliminieren, damit sich die Person oder das Team auf den Kern der Sache konzentrieren und klar und zielgerichtet handeln kann.

Haupteigenschaften:

Präzision Klarheit

Beseitigung von Ablenkungen

Im Gegensad zu den Fragen, die wir zuvor untersucht haben, zielen diese Fragen darauf ab, spezifische Antworten zu erhalten. Die Antwort muss daher klar und detailliert sein, ohne Unklarheiten oder Missverständnisse.

Sie sind ideal, um Ziele, Prioritäten und Maßnahmen zu deren Erreichung schnell zu klären.

Sie geben eine klare und präzise Richtung vor, der es zu folgen gilt. Sie konzentrieren sich auch auf das Wesentliche, eliminieren Ablenkungen und steigern Motivation und Produktivität.

Verwendung im geschäftlichen Kontext.

Fokussierende Fragen sind wesentliche Hilfsmittel, die Führungskräften und Teams dabei helfen, sich auf bestimmte Aspekte einer Situation zu konzentrieren. In einem Geschäftskontext, in dem interne Konflikte die Produktivität und Zusammenarbeit behindern können, können diese Fragen als wertvolle Instrumente dienen, um Spannungen schnell und effektiv zu erkennen und zu lösen.

Sie stellen eine wesentliche Kategorie systemischer Fragen dar, da sie Manager dazu anregen, Prioritäten zu identifizieren und so dazu beizutragen, dass Ressourcen, Energie und Zeit auf die kritischsten Ziele konzentriert werden. Tatsächlich sind in Unternehmen die Ressourcen (Zeit, Geld, Personal) oft begrenzt und die Fähigkeit, sich auf die richtigen Initiativen und Aktivitäten zu konzentrieren, ist daher von grundlegender Bedeutung. Bei Strategiebesprechungen helfen diese Fragen dabei, oberste Prioritäten zu ermitteln und sicherzustellen, dass Ressourcen effektiv zugewiesen werden.

Darüber hinaus kann die Konzentration auf Fragen in Krisensituationen oder bei schnellen Veränderungen Teams dabei helfen, sich auf die kritischsten und dringendsten Maßnahmen zu konzentrieren, um zu vermeiden, dass sie sich in zweitrangige oder irrelevante Aktivitäten auflösen.

Jeder Manager weiß genau, wie wichtig die Fokussierung und Konzentration auf die Unternehmensziele ist; der richtige Ansad kann den Unterschied zwischen Erfolg und Misserfolg ausmachen.

Beispiele für Fokus Fragen im Geschäftskontext:

"Was ist die oberste Priorität, auf die wir uns in diesem Quartal konzentrieren sollten und warum?"

"Von allen Herausforderungen, denen wir gegenüberstehen, welche hätte, wenn sie gelöst würde, den größten Einfluss auf unsere Leistung?"

"Wenn wir nur einen Aspekt unseres Produkts/unserer Dienstleistung verbessern könnten, welchen würden Sie wählen und warum?"

Zweck: Fokus Fragen dienen im Geschäftskontext mehreren wichtigen Zwecken:

Priorisierung: Diese Fragen helfen Unternehmen dabei, oberste Prioritäten zu identifizieren und sich darauf zu konzentrieren, ohne Zeit und Energie mit irrelevanten oder zweitrangigen Aufgaben zu verschwenden.

Ablenkungen beseitigen: In einem schnelllebigen Geschäftsumfeld können Fokus Fragen Ihnen dabei helfen, Ablenkungen zu vermeiden und sich auf die Aufgaben zu konzentrieren, die die größte Wirkung haben.

Klarheit fördern: Diese Fragen helfen dabei, Ziele, Erwartungen und Verantwortlichkeiten zu klären und sicherzustellen, dass alle Teammitglieder aufeinander abgestimmt sind.

Ressourcenoptimierung: Durch die Konzentration auf das wirklich Wichtige können Unternehmen den Einsad ihrer Ressourcen optimieren, sei es Zeit, Geld oder Menschen.

Treiben Sie die Entscheidung voran: Fokussierende Fragen können Führungskräften helfen, strategische Entscheidungen zu treffen, indem sie sich auf die relevantesten Daten und Informationen konzentrieren.

Vorteile von Fokussierung fragen:

Effizienz: Durch die Konzentration auf Prioritäten können Unternehmen in kürzerer Zeit bessere Ergebnisse erzielen.

Strategische Entscheidungen: Mit einem klaren Verständnis dessen, was wichtig ist, können Entscheidungen präziser und auf die Geschäftsziele abgestimmt werden.

Größeres Engagement: Wenn sich Teams über ihre Ziele und Prioritäten im Klaren sind, sind sie engagierter und motivierter, Ergebnisse zu erzielen.

PRAKTISCHES BEISPIEL – INTERNE KONFLIKTE IM TEAM LÖSEN

In diesem Praxisbeispiel analysieren wir eine Situation, die sich in jedem Unternehmen täglich wiederholt, nämlich

Konflikte innerhalb von Teams Innerhalb von Unternehmen Teams und - abteilungen kommt es häufig zu Konflikten, die aus unterschiedlichen Visionen und oft auch aus ebenso unterschiedlichen Vorgehensweisen resultieren. Missverständnisse können verschiedene Ursachen haben, beispielsweise Meinungs-, Rollen- und persönliche Interessenunterschiede. Fokussierende Fragen können dabei helfen, die Ursache des Konflikts zu identifizieren und das Team zu einer Lösung zu führen.

Identifizieren der Konfliktquelle:

Frage: "Was ist die Hauptursache für Spannungen oder Meinungsverschiedenheiten im Team?"

Ziel: Identifizieren Sie die Ursache des Problems, um es direkt anzugehen.

Individuelle Perspektiven verstehen:

Frage: "Wie sieht jedes Teammitglied die Situation und was sind die Hauptanliegen jedes Einzelnen?"

Ziel: Stellen Sie sicher, dass alle Stimmen gehört und verstanden werden, und fördern Sie Empathie und Verständnis.

Konzentrieren Sie sich auf gemeinsame Ziele:

Frage: "Was sind die gemeinsamen Ziele des Teams und wie stimmt dieser Konflikt mit diesen Zielen überein oder weicht davon ab?"

Ziel: Lenken Sie die Aufmerksamkeit wieder auf die Haupdiele des Teams und helfen Sie den Mitgliedern, über individuelle Unterschiede hinauszuschauen.

Erkundung möglicher Lösungen:

Frage: "Welche möglichen Lösungen oder Kompromisse könnten diesen Konflikt lösen?"

Ziel: Kreatives und kollaboratives Denken anregen, um

Lösungen zu finden, die alle Beteiligten zufriedenstellen.

Verpflichtung zum Handeln:

Frage: "Welche Schritte können wir als Team unternehmen, um diesen Konflikt zu lösen und zukünftige Spannungen zu verhindern?"

Ziel: Diskussion und Reflexion in konkrete Maßnahmen zur Lösung des Konflikts umseden.

FAZIT DES BEISPIELS:

Das Thema Unternehmenskonflikte ist sehr heikel und ihre Lösung erfordert viel aktives Zuhören, Empathie und Zusammenarbeit. Durch die Identifizierung der effektivsten fokussierten Fragen können Manager die Spannungen und Meinungsverschiedenheiten, die fast täglich in den verschiedenen Abteilungen bestehen, besser bewältigen.

So können sie Lösungen finden, die Harmonie und Produktivität im Unternehmen fördern.

PRAXISBEISPIEL:

Stellen Sie sich vor, Sie sind Führungskraft eines Unternehmens und überlegen mehrere Investitionsprojekte. Alle diese Projekte sind spannend und vielversprechend, aber die für ihre Fertigstellung erforderlichen Ressourcen müssen noch verbessert werden.

Eine zentrale Frage könnte sein: „Welches dieser Projekte passt am besten zu unserer langfristigen Geschäftsvision und liefert die beste Kapitalrendite?"

Diese Frage hilft Ihnen, Ihre Optionen einzugrenzen und sich auf das zu konzentrieren, was für das Unternehmen wirklich wichtig ist.

OFFENBARUNG FRAGEN

Dieser Abschnitt ist ausschließlich Offenbarungsfragen gewidmet. Wir werden die Verwendung dieser Fragen im Detail untersuchen und analysieren, warum sie wichtig sind und wie wir in verschiedenen Situationen den größten Nuden daraus ziehen können.

DEFINITION

Es ist bekannt, dass Offenbarungsfragen besonders tiefgreifend und detailliert sind, da sie darauf abzielen, verborgene oder nicht sofort offensichtliche Aspekte einer bestimmten Situation aufzudecken oder aufzudecken.

Sie stellen zweifellos eine besondere Kategorie systemischer Fragen dar, da sie dabei helfen, alle Details und zugrunde liegenden Dynamiken hervorzuheben und zu analysieren, die berücksichtigt werden sollten, da sie nicht sofort sichtbar sind.

Diese Frage zielt darauf ab, Randinformationen und Dynamiken aufzudecken und hervorzuheben, die oft übersehen werden.

Diese Fragen gehen über die Oberflächen hinaus und streben danach, tiefer einzudringen, um ein vollständiges Verständnis zu erlangen.

VERWENDUNG IM GESCHÄFTLICHEN KONTEXT

Offenbarungsfragen sind leistungsstarke Werkzeuge für Manager, um verborgene Informationen oder Dynamiken in verschiedenen Unternehmensabteilungen aufzudecken.

Diese Fragen sind auch bei der Identifizierung neuer Trends hilfreich, da sie Muster oder Veränderungen aufdecken können, die möglicherweise nicht sofort erkennbar sind.

Beispiele für Offenbarungsfragen im Geschäftskontext:

"Welche Aspekte unseres aktuellen Projekts werden Ihrer Meinung nach von uns nicht ausreichend berücksichtigt oder berücksichtigt?"

"Wenn Sie unser Arbeitsumfeld von außen betrachten, was überrascht Sie am meisten an unserer Unternehmenskultur?"

"Welche Rückmeldungen erhalten wir von unseren Kunden, die wir möglicherweise nicht oder nicht ausreichend berücksichtigt haben?"

ZWECK:

Offenbarungfragen dienen im Geschäftskontext mehreren wichtigen Zwecken:

Entdecken Sie verborgene Dynamiken: Diese Fragen können dabei helfen, interne oder externe Dynamiken aufzudecken, die Geschäftsentscheidungen beeinflussen könnten, aber später offensichtlich werden.

Identifizieren Sie wiederkehrende Muster: Diese Fragen können Muster oder Trends aufdecken, die sich im Laufe der Zeit wiederholen, und Unternehmen dabei helfen, zukünftige Herausforderungen oder Chancen vorherzusagen und sich darauf vorzubereiten.

Fördern Sie tiefe Reflexion: Das Offenlegen von Fragen regt zu tiefergehender und kritischerer Reflexion an und hilft Führungskräften, strategischer und ganzheitlicher zu denken.

5. Innovation vorantreiben: Durch die Entdeckung neuer Informationen oder Dynamiken können Unternehmen, Inspiration für neue Ideen oder innovative Ansäde finden.

Praxisbeispiel: AuLommende Trends in der Branche iden- tifizieren

In einem sich schnell verändernden Geschäftsumfeld ist die Fähigkeit, aufkommende Trends zu erkennen und sich an sie anzupassen, entscheidend für die Aufrechterhaltung eines Wettbewerbsvorteils. Offenlegungsfragen sind in diesem Prozess wert- volle Hilfsmittel.

Erkundung des Marktumfelds:

Frage: "Welche wesentlichen Dynamiken beobachten wir derzeit in unserer Branche?"

Ziel: Verschaffen Sie sich einen allgemeinen Überblick über die aktuellen Marktbedingungen und führenden Trends.

Analyse von Veränderungen im Verbraucherverhalten:

Frage: "Gibt es Veränderungen im Verbraucherverhalten oder in den Erwartungen, die auf einen neuen Trend hinweisen könnten?"

Ziel: Frühsignale neuer Trends anhand des Verbraucherverhaltens erkennen.

Weflbewerbsbewertung:

Frage: "Erfreuen sich neue Wettbewerber oder innovative Produkte auf dem Markt rasch wachsender Beliebtheit?"

Ziel: Identifizieren Sie potenzielle Bedrohungen oder Chancen, basierend auf der Aktivität der Wettbewerber.

Analyse technologischer Innovationen:

Frage: "Welche neuen Technologien oder Innovationen entstehen in unserer Branche und wie könnten sie sich auf unser Geschäft auswirken?"

Ziel: Bleiben Sie über die neuesten technologischen Innovationen auf dem Laufenden und bewerten Sie deren mögliche Auswirkungen.

Internes Feedback:

Frage: "Welche aufkommenden Trends haben unsere Vertriebs-, Marketing- oder Forschungs- und Entwicklungsteams beobachtet?"

Ziel: Interne Erkenntnisse nuden, um wenig bekannte, aufkommende Trends zu identifizieren.

Fazit des Beispiels:

Das Erkennen sich abzeichnender Trends ist eine der wichtigsten Fähigkeiten, die ein Manager besiden muss; tatsächlich basiert der Wettbewerbsvorteil darauf. Ein erfolgreicher Manager muss in der Lage sein, Marktveränderungen schnellstmöglich zu beobachten, zu analysieren und zu verstehen.

Durch den effektiven Einsad aufschlussreicher Fragen können sie tiefere Einblicke in die Branchendynamik gewinnen und so Veränderungen antizipieren und die Konkurrenz überzeugen.

5
GRENZEN SYSTEMISCHER FRAGEN

In diesem Kapitel analysieren wir die Grenzen systemischer Fragen und wie man den richtigen Kontext für ihre Verwendung wählt. Systemische Fragen sind ein leistungsstarkes und vielseitiges Werkzeug, das in verschiedenen Kontexten eingesedt wird, von der Beratung über die Unternehmensführung und die Pädagogik bis hin zur Konfliktlösung. Ihr Potenzial kann jedoch nur bei richtiger Anwendung ausgeschöpft werden. Und hier kommt die Bedeutung von Ausbildung und Erfahrung ins Spiel.

Die Bedeutung von Ausbildung und Erfahrung im Umgang mit systemischen Fragen

- Ausbildung
- Die Schulung vermittelt eine solide theoretische Grundlage für den Einsad systemischer Fragestellungen. Dazu gehört das Verständnis der Grundprinzipien, das Kennen verschiedener Fragetypen und das Erkennen, wann und wie man sie verwendet. Die Ausbildung beschränkt sich jedoch nicht nur auf die Theorie. Es muss auch praktische Möglichkeiten wie Übungen oder Supervisionen bieten, um das Formulieren und Stellen systemischer Fragen an verschiedene Personen zu üben.

Eine gut strukturierte Schulung vermittelt den Studierenden ein solides Verständnis für die Nuancen und Komplexität systemischer Fragestellungen. Wie formulieren Sie beispielsweise eine Frage, die die Dynamik einer Gruppe analysiert, ohne einem Mitglied die Schuld zu geben? Oder wie kann man über ein Problem nachdenken, ohne zu pessimistisch zu sein? Dies sind Herausforderungen, mit denen diejenigen konfrontiert sind, die diese Fragen regelmäßig verwenden. Um sie erfolgreich nuden zu können, ist eine angemessene Schulung unerlässlich.

Erfahrung auf dem Gebiet

Schulungen bilden die Grundlage, während praktische Erfahrungen die Fähigkeiten derjenigen verfeinern, die systemische Fragen effektiv nuden möchten. Unterschiedliche

| Herausforderunge n, | Dynamiken | | und | Geschichten |
| kennzeichnen je de | Situation, Grupp e | | od er | Einzelperson . |

Erfahrung ist entscheidend, um zu verstehen, wie Fragen in jedem Kontext angepasst und personalisiert werden können.

Darüber hinaus lernt man mit zunehmender Erfahrung auch, die Reaktionen der verschiedenen Gesprächspartner zu interpretieren, indem man erkennt, ob eine Frage richtig formuliert wurde oder nicht. Diese Sensibilität kann nicht im Klassenzimmer vermittelt werden; es entwickelt sich nur durch jahrelange Übung.

Mit der Zeit werden Sie die wiederkehrenden Muster und Muster erkennen, die in ähnlichen Situationen auftauchen. Eine erfahrene Person kann diese Muster erkennen und verstehen, wie sie das Gespräch am besten führt.

Die Folgen der missbräuchlichen Verwendung systemischer Fragen

Es ist wichtig, diese Art von Frage richtig zu verwenden und zu formulieren, da eine unsachgemäße Verwendung zu unerwünschten Konsequenzen führen würde. Lassen Sie

uns einige mögliche Auswirkungen einer unsachgemäßen Verwendung systemischer Fragen untersuchen.

Verwirrung und Mehrdeutigkeit schaffen

Ungenau gestellte systemische Fragen können Verwirrung stiften. Anstatt eine Situation zu klären, kann es sein, dass sie sie noch schlimmer macht. Dies kann zu Missverständnissen, Fehlentscheidungen und sogar Spannungen innerhalb des Systems führen.

Mangelnde Zusammenarbeit

Die unsachgemäße Verwendung systemischer Fragen kann dazu führen, dass der Gesprächspartner nicht kooperiert und seine Gefühle verledt. Wenn Menschen Fragen als zu aufdringlich, unangemessen oder direkt empfinden, verweigern sie möglicherweise die Antwort, was die Kommunikation und Zusammenarbeit behindert.

Vertrauensverlust

Vertrauen ist in jedem System von grundlegender Bedeutung und eines der Ziele systemischer Fragen besteht darin, es zu stärken. Bei falscher Anwendung können sie jedoch den gegenteiligen Effekt hervorrufen. Einzelpersonen können beginnen, an den Absichten des Fragestellers zu zweifeln, ihre Rolle infrage zu stellen und das Vertrauen in das System zu verlieren.

Missverständnisse

Eine falsche Frage kann zu Missverständnissen mit dem Gesprächspartner und damit zu Spannungen führen. Missverständnisse können durch ineffektive Kommunikation,

Voreingenommenheit oder falsche Annahmen entstehen und die Systemzusammenarbeit, Innovation und Wachstum behindern. Beispielsweise könnte sich eine Person einer neuen Idee widerset- zen, weil sie diese nicht vollständig versteht oder falsche Vorurteile hat.

Die möglichen Folgen einer unsachgemäßen Verwendung systemischer Fragen verdeutlichen die Bedeutung einer angemessenen Schulung und eines gründlichen Verständnisses der Grundprinzipien des systemischen Ansades. Bei richtiger Anwendung können systemische Fragen hervorragende Ergebnisse erzielen. Es ist jedoch wichtig, sich der Risiken bewusst zu sein und dieser Disziplin mit Respekt und Aufmerksamkeit zu begegnen.

Der richtige Ansad für systemische Fragestellungen

Um den größtmöglichen Nuden aus solchen Fragen zu ziehen, ist es notwendig, den Gesprächspartner aktiv einzubeziehen und ihm das Gefühl zu geben, ein grundlegendes Mitglied des Systems zu sein. Es gibt jedoch noch andere Strategien, um die Wirksamkeit und den Erfolg systemischer Fragen zu verbessern:

Aktives Zuhören

Beim aktiven Zuhören geht es darum, dem Gesprächspartner und den Mitgliedern des Systems volle Aufmerksamkeit zu schenken. Es ist notwendig, zu verstehen, was sie kommunizieren, und richtig und angemessen zu reagieren. Die Person fühlt sich respektiert und ist eher bereit, während des Gesprächs miduarbeiten.

Zu Beginn des Gesprächs empfiehlt es sich, offene Fragen zu verwenden, die die Person dazu anregen, viel zu reden und ihre Meinung zu äußern. In dieser Phase ist es notwendig, aufmerksam zu sein, was sie sagen, und es zu vermeiden, sie zu unterbrechen oder zu verurteilen.

Steigerung des Selbstvertrauens

Während des Gesprächs ist es notwendig, sich in die Person hineinzuverseden und so Vertrauen und Sicherheit zu schaffen. Diese beiden Dinge sind die Grundlage jeder erfolgreichen Beziehung.

Wenn jemand Ihnen vertraut, wird das Gespräch wahrscheinlich positiv ausgehen und die Zusammenarbeit intensiviert werden.

Um während des Gesprächs Vertrauen aufzubauen, müssen Sie in Ihren Aussagen transparent und ehrlich sein und gleichzeitig die Konsistenz wahren. Vertrauen wird im Laufe der Zeit durch konkrete und greifbare Handlungen aufgebaut, die dazu führen, dass sich die Person uns öffnet.

Seien Sie verständnisvoll

Während des Gesprächs können einige Bedenken des Gesprächspartners auftauchen; es ist notwendig, sie ernst zu nehmen und sorgfältig zu analysieren. Wir müssen ein Klima des gegenseitigen Vertrauens und der Loyalität schaffen und es auch in Momenten der Meinungsverschiedenheit und Schwierigkeiten aufrechterhalten.

Beziehen Sie die Person in den Entscheidungsprozess ein

Es ist wichtig, dass sich die Person als Teil des Entscheidungsprozesses innerhalb des Systems fühlt.

Andernfalls kommt es zu starkem Widerstand und geringer Bereitschaft zur Zusammenarbeit, was zu einem negativen Gesprächsergebnis führt.

Alle Meinungen des Einzelnen müssen berücksichtigt werden, indem um Feedback und Vorschläge gebeten wird. Dies wird ihn dazu bringen, sich aktiv zu engagieren. Auch wenn die endgültige Entscheidung bei Ihnen oder Ihrem Unternehmen liegt, ist es wichtig, dem Gesprächspartner die Möglichkeit zu geben, zwischen verschiedenen Optionen zu wählen.

5 Kleine Erfolge feiern

Um das Beste aus allen und insbesondere zukünftigen Gesprächen herauszuholen, empfiehlt es sich, das System bei kleinen Erfolgen aktiv einzubeziehen. In vielen Unternehmen wird das Erreichen auch kleinerer Ziele gerne gefeiert; dies motiviert die Systeme Mitglieder und gibt ihnen das Gefühl, ein integraler Bestandteil des Teams zu sein.

Um interessante Gespräche zu führen, sind Empathie, Geduld und effektive Kommunikation erforderlich. Durch aktives Zuhören, den Aubau von Vertrauen und die Einbindung von Menschen in den Entscheidungsprozess ist es möglich, eine Beziehung der Zusammenarbeit und des Vertrauens aufzubauen.

Denken Sie daran, dass Widerstand eine natürliche Reaktion ist und mit den richtigen Strategien überwunden werden kann, um positive und dauerhafte Ergebnisse zu erzielen.

Situationen, in denen ein direkter Ansad effektiver sein könnte

Systemische Fragen sind nur manchmal ideal für den Umgang mit jeder Art von Situation. Oftmals ist ein direkter Ansad nicht nur vorzuziehen, sondern auch effektiver.

Schauen wir uns einige dieser Situationen und die Gründe an, warum die Verwendung direkter Fragen möglicherweise die beste Wahl ist.

Wenn Klarheit unerlässlich ist

Es gibt Situationen, in denen es kaum Spielraum für Fehler oder Missverständnisse gibt; Klarheit ist daher von grundlegender Bedeutung. Eine Direktnachricht beseitigt Unklarheiten und stellt sicher, dass alle Stammmitglieder eindeutig verstehen, was kommuniziert wird. Dies kann besonders wichtig sein, wenn es um Anweisungen, Regeln oder Richtlinien geht, die genau befolgt werden müssen.

Wenn die Zeit drängt

Tatsächlich ist eine direkte Ansprache viel schneller und kann in manchen Fällen viel Zeit sparen. Steht beispielsweise eine Frist oder ein Notfall bevor, bleibt keine Zeit für Umschweife oder langwierige Erklärungen. In diesen Fällen kann die Fähigkeit, prägnant und direkt zu kommunizieren, einen Unterschied machen.

Beim Umgang mit problematischem Verhalten

Wenn ein System Mitglied falsches und inakzeptables Verhalten zeigt, ist eine direkte Ansprache zweifellos der effektivste Weg, mit der Situation umzugehen. Das bedeutet nicht, aggressiv oder unhöflich zu sein, sondern klar und direkt zu kommunizieren, was nicht in Ordnung ist und warum.

Beim Versuch, Missverständnisse zu vermeiden

In Situationen mit hohem Missverständnispotenzial kann eine direkte und klare Kommunikation helfen, Verwirrung zu vermeiden. Dies kann besonders in interkulturellen Situationen wichtig sein, in denen sprachliche und kulturelle Unterschiede das Risiko von Missverständnissen erhöhen können.

Systemische Fragen sind oft offen und können unterschiedlich interpretiert werden. In einer Krise beispielsweise, in der es auf Klarheit ankommt, besteht ein größeres Risiko, dass diese Fragen missverstanden werden, was zu weiterer Verwirrung oder Komplikationen führt.

Beim Festlegen von Grenzen

Ob es um persönliche, berufliche oder emotionale Grenzen geht, manchmal muss man direkt sein und mitteilen, was man denkt. Dies kann dazu beitragen, Missverständnisse zu vermeiden und sicherzustellen, dass Grenzen respektiert werden.

Wenn Sie ehrliches Feedback einholen

Wenn Sie auf der Suche nach echtem, ehrlichem Feedback von einer Person sind, ist es manchmal am besten, direkt danach zu fragen. Dies kann andere dazu ermutigen, in ihren Antworten aufrichtig zu sein, anstatt zu versuchen, Dinge „zu versüßen" oder verledte Gefühle zu vermeiden.

Menschen mit hohem Stressniveau

In einer herausfordernden und komplexen Situation befinden sich viele Menschen in einem Zustand hohen Stresses; in diesen Fällen sind systemische Fragen weder ideal noch praktikabel, da sie die Angst und Verwirrung der Person verstärken könnten. Es empfiehlt sich, ein paar einfache, direkte Fragen zu stellen (nicht aggressiv oder provokativ), um schnell Antworten zu erhalten.

Notfälle

In Notfällen kommt es auf Klarheit und Schnelligkeit an. Die beteiligten Personen benötigen klare Anweisungen, was zu tun ist. Systemische Fragen sind nicht darauf ausgelegt, in solchen Situationen sofort die Antworten zu liefern, die benötigt werden. Der effektive Einsad dieser Fragen erfordert häufig Ressourcen wie Zeit, Schulung und Unterstüdung. Im Notfall können diese Ressourcen begrenzt sein.

Sobald die Krise oder der Notfall jedoch überstanden ist, können systemische Fragen ein wertvolles Instrument sein, um die Ursachen zu ermitteln und zukünftige Notfälle zu verhindern.

Daher gibt es auch viele Situationen, in denen eine direkte Ansprache am effektivsten und geeignetsten ist. Der Schlüssel liegt darin, zu wissen, wann es angebracht ist, direkt zu sein, und wann es vielleicht besser ist, einen sanfteren Ansad zu wählen. Das Ziel bleibt in jedem Fall eine transparente, respektvolle und effektive Kommunikation.

Danke!